Histoire de la
langue bretonne

EDITIONS OUEST-FRANCE

Nom de villa en breton.
Ph. M. Thersiquel.

Brezoneger ma 'z on,
Ar brezoneg eo ma mestr ha me ki dezañ...

Ar brezoneg eo ma bro,
Ar brezoneg eo park ma burzudou
Hag ar peurrest lodenn ar paour.

Bretonnant que je suis,
Le breton est mon maître et moi son chien...

Le breton est ma patrie,
Le breton est mon champ des merveilles
Et le reste est la part du pauvre.

PER-JAKEZ HELIAS

Cette « Histoire de la langue bretonne » comporte un certain nombre de liens hypertextes. Les mots concernés sont signalés par un astérisque : en consultant l'index, à la fin du livre, le lecteur pourra se reporter aisément au passage où il trouvera plus de renseignements.

Les termes en breton sont notés en gras et suivis de leur traduction.

une langue *si* différente

Aujourd'hui, on peut vivre en Bretagne sans connaître le moindre mot de breton. Le breton est pourtant l'une des langues que l'on parle dans cette région, l'autre étant bien sûr le français. Les deux langues sont très différentes l'une de l'autre, et si l'on ne connaît que le français, il est impossible de comprendre le breton. En 1780 déjà, un voyageur écrit : « Cette langue est si différente du français que je n'y entendais pas un mot. »

D'autres, dans la première moitié du XIXe siècle et bien après, ont été confrontés au même problème et considèrent le breton tout simplement comme « un idiome barbare » ou « un langage inintelligible ». En 1835, Prosper Mérimée peste contre « cette langue que le diable a inventée. **Lavarèt din pélèc'h azo unenbennak ago zéfé gâllec ?** Voilà tout ce que j'ai pu apprendre à dire en m'écorchant le gosier : Dites-moi où il y a quelqu'un qui parle français. » Une douzaine d'années plus tard, Gustave Flaubert et son ami Maxime Du Camp, faisant route vers la pointe du Raz, cherchent une auberge : « Nous étions là, nous regardant tous deux, moitié souriants, moitié furieux, plus incompris, plus perdus que chez les Lapons ou les Algonquins. » En 1882, c'est Guy de Maupassant qui reconnaît que « souvent pendant une semaine entière, en rôdant par les villages, on ne rencontre personne qui sache un mot de français ».

A gauche : Dans les ports de pêche tout comme dans les ports de plaisance, des bateaux portent un nom breton. Ici, un chalutier à Guilvinec.
Ph. M. Thersiquel.

A droite : Nom de villa en breton.
Ph. M. Thersiquel.

A gauche :
Enseigne de café en breton à Tréglonou (29).
Ph. F. Broudic.

A droite :
Bilinguisme sur les bâtiments officiels, ici à Tréglonou (29).
Ph. F. Broudic.

Jusqu'à la guerre 14-18, en Basse-Bretagne on parle surtout le breton : on peut même considérer que, jusqu'à cette date, la moitié de la population ignore le français. La situation a bien changé depuis. Aujourd'hui, tout le monde en Basse-Bretagne sait le français, et ceux qui sont à même de tenir une conversation en breton ne sont plus que 16 %. Le breton est devenu une langue minoritaire sur son propre territoire.

Paradoxalement, c'est peut-être maintenant qu'il est le plus visible. On ne l'entend plus beaucoup sur les marchés, mais la radio et la télévision diffusent des émissions

L'évolution de la limite linguistique du IXe siècle à nos jours.
Carte dessinée d'après L.A. Timm.

en breton. On voit de plus en plus de panneaux bilingues à l'entrée des villes ou le long des routes. Des noms bretons fleurissent non seulement sur les maisons particulières, mais aussi sur les bâtiments publics. Quelques supermarchés ont mis en place une signalétique bilingue. Même s'ils sont souvent symboliques, les signes extérieurs ne manquent donc pas : on parle à l'ouest de la Bretagne une langue qui n'est pas le français.

Mais où exactement parle-t-on le breton ? La Bretagne est séparée en deux par une « frontière linguistique », qu'au XIXe siècle on appelait parfois « la ligne de démarcation » ou encore « la muraille chinoise de l'idiome breton ». La séparation était alors extrêmement précise entre la Basse-Bretagne à l'ouest, et la Haute-Bretagne ou pays gallo à l'est. La *limite linguistique est beaucoup moins nette aujourd'hui, mais la Basse-Bretagne reste la zone traditionnelle de pratique de la langue.

Comment dit-on « bonjour » en breton ?

Ou encore : comment dit-on « bon appétit » en breton ? La question est souvent posée par des personnes qui n'en savent pas un mot et qui voudraient bien connaître les expressions les plus courantes. Le problème, c'est qu'on ne dit réellement ni l'un ni l'autre. Ce n'est pas une question d'impolitesse. Mais quand deux bretonnants se rencontrent, ils se saluent de préférence par des formules de circonstance qui peuvent se rapporter par exemple au temps qu'il fait : **brao eo an amzer !** (= il fait beau). A la radio, les présentateurs d'émissions en breton adressent volontiers à leurs auditeurs une expression désormais bien connue : **demad d'an oll !** (= bonjour à tous !). Dans la conversation courante on préfère souvent dire : **mond mad a ra ?** (= ça va ?). Il est beaucoup plus facile d'apprendre à dire « au revoir » : même ceux qui se savent pas bien le breton utilisent **kenavo !**

A gauche : De nombreux monuments aux morts portent l'inscription ***Maro evid ar vro*** *(= Morts pour la patrie). Ici, celui de Saint-Thégonnec.*
Ph. L. Elegoët.

A droite : La caserne des pompiers de Lanmeur (29).
Ph. F. Broudic.

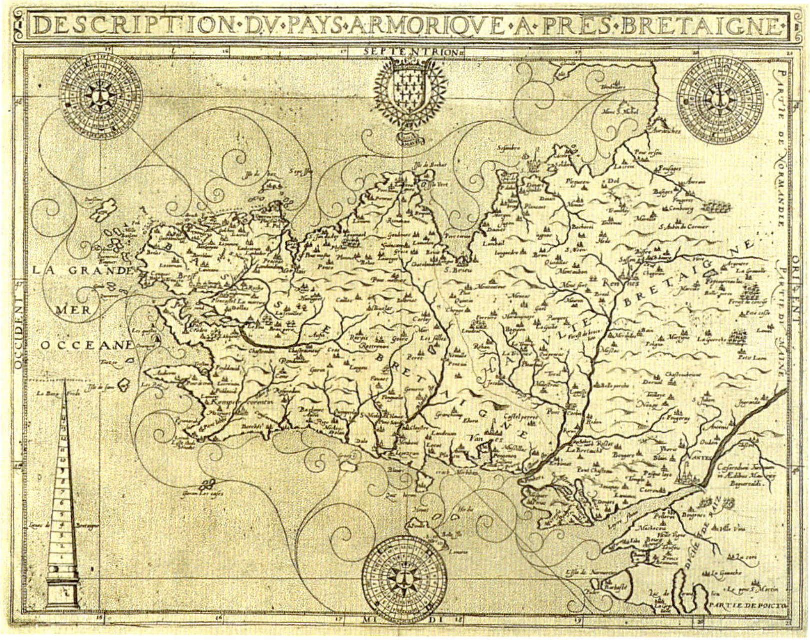

Carte du duché de Bretagne, divisée en Haute et Basse, dessinée par Maurice Bougueneau et insérée dans l'« Histoire de Bretaigne » de Bertrand d'Argentré, 1588. C'est la première représentation cartographique de la limite linguistique.

Collection : Centre de Recherche Bretonne et Celtique (UBO, Brest).

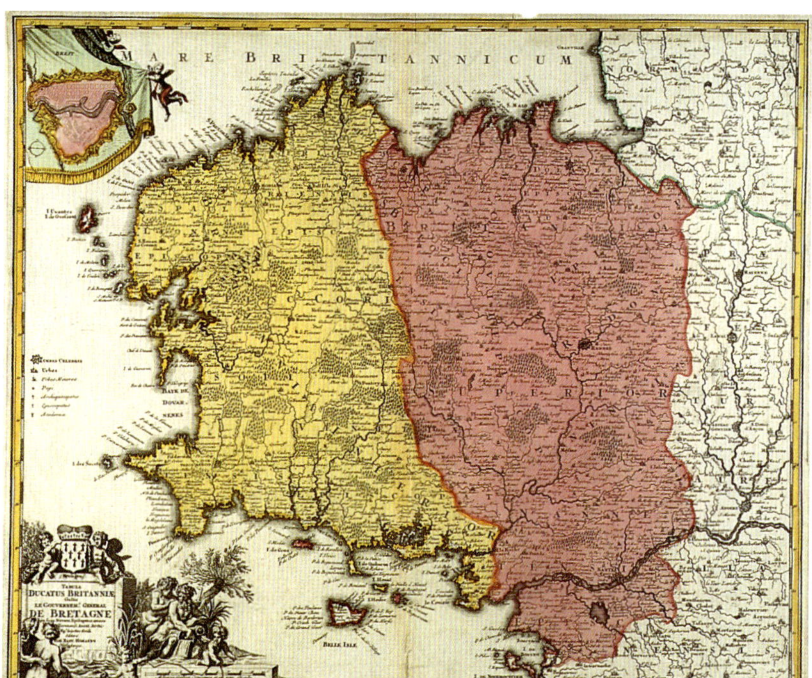

Sur cette carte du XVIIe siècle, la Haute et la Basse-Bretagne apparaissent en deux couleurs différentes.

Collection : Centre de Recherche Bretonne et Celtique (UBO, Brest).

les origines celtiques

La Bretagne est-elle un pays « celtique » ? Certains chercheurs en sont venus à considérer que les Celtes sont un mythe de création récente, et il est bien vrai que les pays « celtiques » sont très différents les uns des autres. Ce qui est certain, c'est que les menhirs qu'on peut voir aujourd'hui en Bretagne ont été édifiés à la fin du néolithique (vers 2000 avant J.-C.), bien avant l'arrivée des Celtes dans l'ouest de l'Europe. C'est seulement à partir du Ve siècle avant J.-C. que ceux-ci s'établissent en Armorique.

La conquête romaine de la péninsule va tout changer. Elle s'achève en 56 avant J.-C., avec la défaite navale des Vénètes par la flotte de César. Pendant quatre à cinq siècles, la romanisation va produire ses effets, en particulier dans les villes comme Condate (Rennes), Vorgium (Carhaix) ou Darioritum (Vannes). La civilisation gallo-romaine se caractérise cependant par le maintien de nombreux traits de la religion gauloise (culte des sources, des sommets...). Le latin a-t-il alors réussi à éliminer le *gaulois ? Cette question a longtemps divisé les chercheurs. A la suite des travaux de F. Falc'hun, puis de L. Fleuriot, il est aujourd'hui acquis qu'en Armorique, aux Ve-VIe siècles, les uns parlent une forme de bas-latin, pendant que d'autres continuent à parler le gaulois.

Ce sont les immigrations en provenance de l'île de Bretagne — c'est ainsi que s'appelait alors la Grande-Bretagne actuelle — qui vont d'une certaine manière « receltiser » l'Armorique. C'est surtout entre le Ve et le VIIe siècle que les Bretons traversent la Manche : conduits par leurs chefs et par leurs « saints », c'est-à-dire par les membres du clergé, ils fuient sous la pression des Saxons envahissant l'île de Bretagne, mais aussi devant des invasions en provenance d'Ecosse et d'Irlande. L'Armorique change de nom : elle s'appelle désormais « Britannia » et devient donc la Bretagne.

Et c'est ce big-bang des origines, qui a tout de même duré une quinzaine de siècles au total, qui explique qu'on parle toujours aujourd'hui deux langues différentes en Bretagne — trois même, en comptant le gallo de Haute-Bretagne —. D'une part, les nouveaux arrivants parlent le brittonique, qui appartient à la même famille linguistique que le gaulois : les deux parlers fusionnent dans des proportions variables selon les régions.

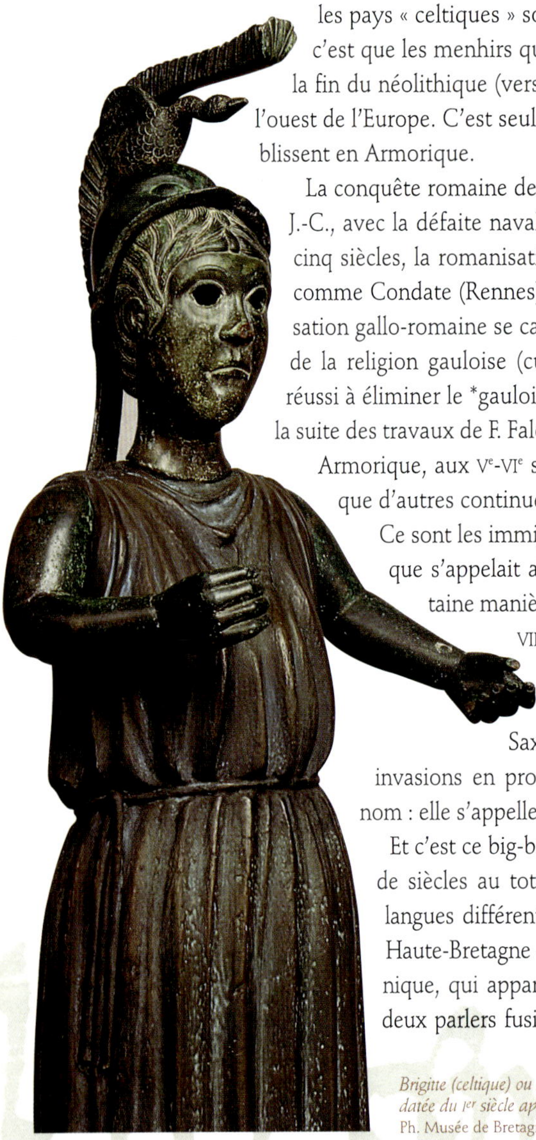

Brigitte (celtique) ou Minerve (gallo-romaine) ? Statuette en bronze, datée du Ier siècle après J.-C., découverte à Dinéault (29).
Ph. Musée de Bretagne, Rennes.

Les pays et les langues celtiques.

D'autre part, la partie orientale de la région est déjà romanisée en profondeur. Même si les spécialistes continuent d'en discuter, on peut donc délimiter trois zones différentes dans le paysage linguistique de la Bretagne aux débuts du Moyen Age :
- dans la partie occidentale, l'apport des nouveaux arrivants submerge le gaulois ;
- celui-ci s'est mieux maintenu dans la partie méridionale ;
- Rennes et Nantes et leurs zones d'influence sont définitivement romanisées.

Les langues *celtiques*

Comme les langues romanes ou germaniques, elles font partie de la grande famille indo-européenne. Au IIIe siècle avant J.-C., les Celtes occupaient les deux-tiers du continent européen, et on parlait des langues celtiques de la mer Noire à

Le calendrier trouvé à Coligny, dans l'Ain, est la plus longue inscription gauloise. Ph. Musée de la Civilisation gallo-romaine, Lyon.

l'Atlantique. Ces langues ne subsistent plus aujourd'hui, au nombre de quatre, que dans l'extrême-ouest et le nord-ouest de l'Europe. On les classe habituellement en deux groupes distincts :

- avec le gallois, le breton fait partie du groupe brittonique ;
- le gaélique d'Irlande et celui d'Ecosse font partie du groupe goïdélique.

Le gaulois

Le gaulois présente la particularité d'être une langue dont on ne connaît bien ni la grammaire ni le vocabulaire. Mais il est faux de prétendre que les Celtes ne connaissaient pas l'écriture. Même si les druides ne transmettaient leur savoir que par voie orale, de nombreux termes gaulois — des noms propres surtout — sont venus jusqu'à nous non seulement par des inscriptions latines et grecques, mais aussi par des inscriptions gauloises telles que le calendrier de Coligny. Des centaines de villes, en France et en Europe, portent un nom d'origine gauloise. Ainsi, Lyon, Loudun et Leyde viennent de « Lugu-dunum », « fort du dieu Lugus ». En français, il n'y a pas que le mot « cervoise » à provenir du gaulois. Il y en a beaucoup d'autres : auvent, bec, braguette, caillou, ruche, truand...

Chacune des ces langues a subi depuis les origines une évolution propre, et leur statut varie d'un pays à l'autre :

- en Irlande, le gaélique est la première langue officielle de la République, l'anglais n'en étant théoriquement que la seconde. 1 000 000 de personnes environ déclarent actuellement pouvoir le parler, soit le tiers de la population. Mais dans les Gaeltacht — les zones de pratique traditionnelle de la langue — ceux qui le parlent au quotidien ne sont plus que quelques milliers ;
- en Ecosse, moins de 70 000 personnes (soit 1,4 % de la population) parlent aujourd'hui le gaélique, essentiellement dans les îles Hébrides et au nord-ouest des Highlands ;
- le gallois, bénéficiant d'une politique dynamique, est la langue celtique dont la situation est la plus favorable. Le nombre total de locuteurs a diminué de moitié depuis 1911 : il s'est stabilisé à 508 000 personnes au recensement de 1991.

Deux autres langues celtiques ont disparu. Dans l'île de Man, le dernier habitant dont le manxois était la langue maternelle s'est éteint en 1974. En Cornouailles britannique, c'est il y a plus de deux siècles, en 1777, qu'est décédée Dolly Pentreath, considérée comme le dernier locuteur de cornique. Mais quelques dizaines de personnes tentent de le faire revivre à nouveau comme langue seconde.

Breton, gallois et irlandais

Quelques mots ont une racine commune en breton et en gaélique, mais il n'est pas facile de les identifier au premier abord : le breton **gwin** (= vin) a pour correspondant irlandais « fior », et le breton **ti** (= maison) se rend par « teach » en gaélique.

Le breton et le gallois ont eux quelques centaines de mots en commun, mis à part les différences de transcription et de prononciation. On retrouve ainsi l'équivalent du **ti** breton dans le gallois « ty ». Le temps, c'est **amzer** en breton, « amser » en gallois. Au breton **enez** (= île), correspond le gallois « ynys ».

Pour autant, la syntaxe des deux langues est tellement différente que ceux qui parlent l'une ne peuvent évidemment pas comprendre l'autre. Alors que « chanter » se dit **kana** en breton et « canu » en gallois, l'on dira « yr ydywf i yn ganu » en gallois pour « je chante », quand en breton on dit par exemple **o kana emaon** ou **kana a ran**.

noms *de* lieux

Les noms de lieux présentent en Bretagne une extraordinaire diversité et reflètent les usages de langue à différentes périodes de l'histoire. Il subsiste ainsi un certain nombre de toponymes d'origine gauloise, comme Bréhat (de *briga,* hauteur) ou Noyal (= la nouvelle clairière). Quelques noms, comme celui des monts d'Arrée, pourraient même être préceltiques. D'autres sont gallo-romans (comme Loudéac) ou encore bas-latins (comme Peumeurit).

Mais c'est l'organisation paroissiale mise en place au moment des immigrations bretonnes des Ve-VIIe siècles qui a laissé le plus de traces sur la toponymie bretonne. Les noms les plus remarquables à cet égard sont ceux en **Plou-** : environ 180 paroisses, qui sont aujourd'hui des communes, portent un tel nom. Le mot **Plou-** est l'évolution d'un ancien **Ploe-,** qui vient lui-même du latin *plebs* (= peuple). Il est généralement suivi du nom d'un saint, souvent venu du pays de Galles. Il comporte plusieurs variantes qui ont elles-mêmes varié dans le temps (voir tableau ci-dessous).

Le département des Côtes-d'Armor a été le premier à mettre en place des panneaux de signalisation bilingue.
Ph. F. Broudic.

Dans certains cas, **Plou-** a été remplacé par **Gwik-** : ainsi, Guimillau est un ancien Ploemeliau (= la paroisse de saint Millau, même nom que Ploumilliau). Les deux formes sont toujours en usage : la commune de Plougar se nomme **Gwikar** en breton. Les établissements monastiques des origines rendent compte également de la

Noms en…	Nom actuel	Nom en breton	Formes anciennes	Explication	Noms proches
Plo-	Plonéour-Lanvern	Ploneour-Lanwern	Plueu Eneuur en 946, Ploenevour vers 1330	La paroisse de St Eneour	Plounéour-Menez, Plounéour-Trêz
Plou-	Ploubazlanec	Pleraneg	Ploibanazlech en 1224, Ploebannalec en 1421	La paroisse au genêt	Plobannalec
Plu-	Plumaugat		Plebs Maelcat en 846, Plomagoat en 1282	La paroisse de St Maugat	Tremargat
Pleu-	Pleudaniel	Plañiel	Plebe Danielis en 1330, Ploedaniel en 1427	La paroisse de St Daniel	Ploudaniel
Ple-	Pléguien		Pluguian en 1224, Pleguyan en 1551	La paroisse de St Kian	
Pl-	Plaintel		Pleneveniter en 1220, Pleentel en 1311	La paroisse de St Numenter	Plouneventer

Les paroisses bretonnes primitives en Plou- et en Gui- sont essentiellement localisées sur la côte nord et à l'ouest de Quimper.
Carte de Bernard Tanguy, dessinée par Gilles Couix.

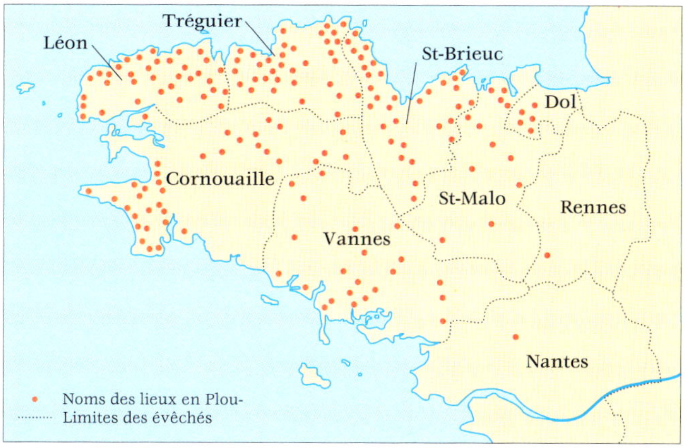

formation de nombreux noms de paroisses, bien plus souvent que ceux qui font allusion à l'organisation civile :

- les noms en **Lan-** désignent un ermitage ou un monastère : c'est le cas des nombreux Lampaul (comme Lampaul-Guimillau), c'est-à-dire le **Lan-** fondé par saint Paul-Aurélien ;
- les noms en **Tre-** signalent à l'origine un lieu habité et cultivé, puis plus tard un quartier ou une « trève ». On a ainsi Tréflevenez ou même Troguéry ;
- les noms en **Bot-** du type Botsorhel désignent une demeure ou une résidence ;
- les noms en **Les-** ou en **Lis-** comme Lescouet-Gouarec font allusion à des cours seigneuriales.

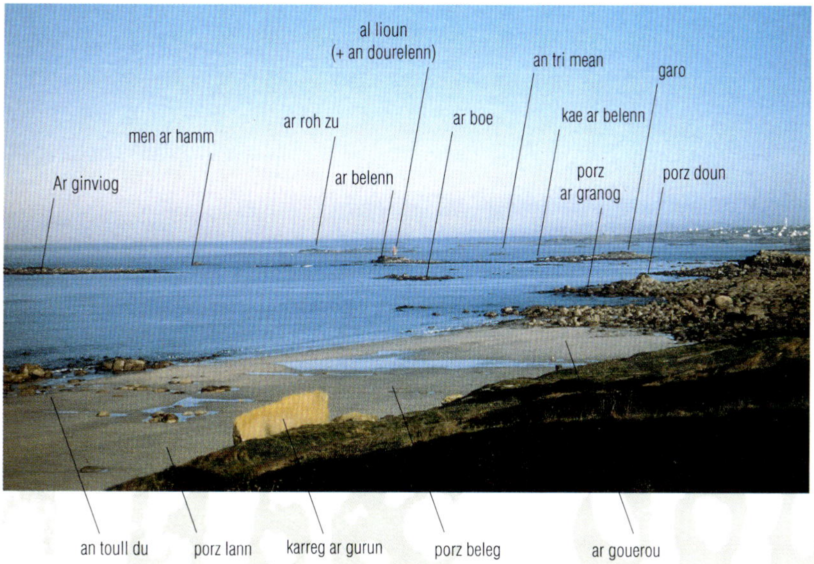

Les pêcheurs et les goémoniers attribuent un nom précis au moindre caillou, mais ils n'ont pas tous été reportés sur les cartes. Les enquêtes systématiques réalisées par Mikael Madeg ont permis de relever près de 10 000 toponymes maritimes sur la côte léonarde. Ici : la côte vue du Gouérou, en Lampaul-Plouarzel.
Ph. F. Broudic.
Relevés : Yann Riou.

D'autres toponymes apparaissent à compter du XIe siècle :

- les noms en **Lok-** sont plutôt des lieux consacrés : on a ainsi Locmélar, Locronan, plusieurs Locmaria ;
- de nombreuses paroisses ne portent que le seul nom d'un saint : c'est le cas de Cavan, Edern, Saint-Connan, Saint-Yvi, etc. ;
- les noms de paroisses en **Ker-** (comme Kergrist-Moëlou) sont infiniment moins nombreux que les autres noms de lieux formés à partir du même préfixe et qui se comptent par milliers (Kergoat = le village au bois ; Kersauson = le village des Anglais...).

Ceci nous conduit à parler de toponymie descriptive. Tout nom de lieu a un sens, mais la signification n'en est plus toujours perceptible pour ceux qui l'utilisent. La plupart des noms de lieux, en Basse-Bretagne tout au moins, portent la marque de la langue bretonne. Beaucoup sont transparents pour les bretonnants, mais ils intriguent ceux qui ne le sont pas. Ainsi, quelqu'un qui parle le breton n'aura aucun mal à comprendre **Poull-pri** (= la fosse argileuse) à Combrit, **Uhellou** (= les hauteurs) à Trégunc, ou **Kroaz-Ruz** (= la croix rouge) à Plouénan.

Les noms en breton de la localité figurent désormais sur les panneaux à l'entrée des agglomérations.
Ph. F. Broudic.

Doubles dénominations

Le nom d'une localité, en breton, diffère souvent de celui qu'on utilise en français. C'est la raison pour laquelle l'on voit de plus en plus souvent apparaître la dénomination bretonne des communes à côté de la forme officielle, à l'entrée et à la sortie des villes, comme sur les panneaux de signalisation routière. L'on écrit désormais côte à côte **Kawan** et Cavan, **Montroulez** et Morlaix... C'était une vieille revendication bretonne, et selon les sondages 65 % des Bretons y sont favorables.

Quelques efforts se font aussi pour transcrire les noms de lieux plus correctement. Le cas de « Croissant » est le plus connu : il était ainsi noté par analogie phonétique entre le breton et le français, alors qu'il s'agit en fait de **Kroaz-hent** (= carrefour).

Mais pour de multiples raisons, la plupart des toponymes ont suivi diverses évolutions. Le mot **traoñ**, qui désigne la vallée ou le bas, est par exemple l'un des plus courants, mais on ne le rencontre pas toujours sous cette forme : venant du *vieux-breton **tnou**, il s'est transformé pour donner **traou, trou, tro, tré**... alors que dans le *vannetais on observe l'introduction d'une voyelle intermédiaire dans le groupe **tn-**. Le village du Téno à Bignan et celui de Traon à Plestin-les-Grèves ont donc tous deux le même sens, d'autant que celui de Plestin s'écrivait Le Téno au XVIe siècle !

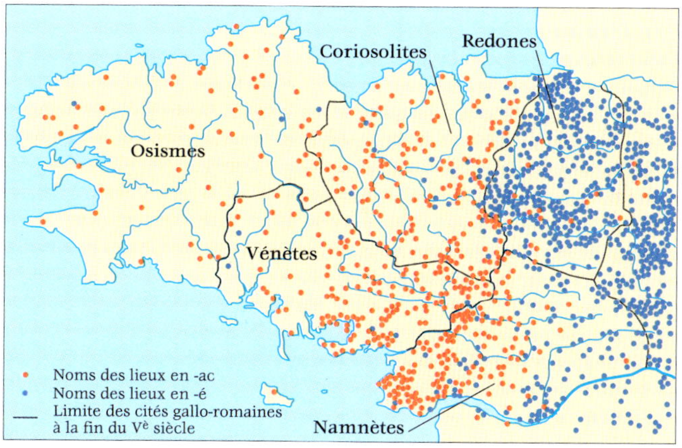

Les noms de lieux habités en -ac et en -é. Les noms en -ac sont nombreux en Haute-Bretagne, en particulier à l'ouest de Rennes et de Nantes.

Carte de Bernard Tanguy, dessinée par Gilles Couix.

Les noms *en -ac*

Mais revenons aux origines bretonnes : pourquoi donc y a-t-il bien plus de noms de lieux se terminant par -ac en Haute-Bretagne, et en particulier à l'ouest de Rennes et de Nantes ? Il faut savoir que ce suffixe -ac vient du gaulois -acos (qui donnait par ailleurs *-acum* en latin), et qu'il n'a pas évolué partout de la même façon. Au nord de la Loire, il s'est généralement transformé en -é (comme par exemple dans Mellé, près de Fougères) : c'est un signe évident de présence du roman. En domaine gaulois, il s'est figé sous la forme -ac (comme dans Mellac), devenant -oc, -euc ou -ec dans les régions où les immigrés en provenance de l'île de Bretagne imposaient le brittonique (exemple : Tonquédec).

On a longtemps interprété cette *limite entre les toponymes en -ac et ceux en -é, qui date du IXe siècle, comme étant celle de la plus grande extension du breton vers l'est. F. Falc'hun et B. Tanguy l'ont analysée comme étant plutôt le résultat de la poussée romane des deux villes de Rennes et de Nantes, traduisant en fait le recul progressif du celtique vers l'ouest. De fait, les pourcentages de toponymes bretons diminuent d'ouest en est. C'est par l'étude des noms de lieux que l'on peut décrire l'histoire linguistique de la Bretagne à ses débuts.

Noms de hameaux sur les panneaux indicateurs, dans le Centre-Bretagne.

Ph. F. Broudic.

noms *de* personnes

En Bretagne, les noms de personnes aussi portent très fortement la marque de l'histoire et de la langue spécifique qu'on y parle. Certains sont très facilement compréhensibles pour un bretonnant d'aujourd'hui ; mais d'autres sont de formation plus ancienne et souvent plus complexe : ce sont en particulier ceux que l'on retrouve dans les cartulaires comme celui de Redon ou celui de Landévennec. De nombreux noms rappellent ainsi les guerres, les conflits et les chefs de la période des origines bretonnes. Le mot **kad** (= combat) remonte à la période du *vieux-breton : on le retrouve dans des noms de famille comme Cadoret, Cadour, Cadiou, Cadoudal... Tous les noms Rioual, Rivoalon, Rioualen, Rualan, etc., comportent un **ri-** initial (= roi) qui provient aussi du vieux-breton.

Le terme **mad** (= bon, bien) doit être considéré comme valorisant. On le retrouve dans des noms courants aujourd'hui comme Le Mat et Madec. Gallouédec comporte une notion de puissance, alors que Caradec et Hegarat laissent transparaître l'amour et l'amabilité.

Quelques noms d'animaux ont aussi servi à former des noms de famille. On retrouve ainsi **bran** (= le corbeau) dans Kervran, **ki** (= le chien) dans Menguy et Tanguy (ce dernier comportant par ailleurs le mot **tan** = ardeur, feu). Il est moins facile de reconnaître **marh** (= le cheval) dans des noms comme Marrec, Kermarec, Glémarec ou encore chez les Guivarc'h et les Guiomard, dont le premier élément provient de **guiu** (= digne).

Le terme **penn** a plusieurs sens en breton : la tête, mais aussi le sommet, le chef, le bout, l'extrémité, la fin. Il est particulièrement fréquent dans l'anthroponymie, non seulement sous la forme Le Pen, mais aussi sous celle de Pennec (= têtu). Lorsque ce terme est accompagné de déterminants tels que **kamm** (= courbé) ou **du** (= noir), cela donne des noms comme Pengam et Penduff.

Les noms *en -ec*

D'autres noms font référence à l'aspect physique de ceux qui les ont portés les premiers. Les Le Bras étaient sans doute des personnes de grande taille, alors que les Bian, Le Bihan, Bihannic étaient de petite taille. Cren est de taille moyenne, et Le Berre plutôt courtaud. Quelques qualificatifs se rapportent à des infirmités : les Bouard sont sourds, les Le Cam boiteux ou retors, et les Le Boulc'h ont un bec-de-lièvre.

On rencontre très couramment des noms commençant par ab- ou finissant par -ec. Les premiers marquent la filiation : Abautret est donc le fils d'Autret et Abjean (Abyann en breton) le fils de Jean. Le suffixe -ec souligne chez celui qui le porte une particularité physique ou morale : Quéinnec (de **kein** = dos) désigne quelqu'un qui a le dos large, et Scouarnec (de **skouarn** = oreille) quelqu'un qui a de grandes oreilles. Tous les termes de l'anatomie y passent : Bouzellec (= ventru), Lagadec (= qui a de grands yeux), Garrec (= qui a de fortes jambes), et même Quellec (= qui a de gros testicules)... Par contre, les noms en -et sont des participes passés : Badézet est quelqu'un de baptisé et Drouglazet a été tué cruellement !

Certains de ces noms de famille étaient peut-être des surnoms à l'origine : mais ils sont aujourd'hui définitivement fixés, et chacun est attaché à son patronyme comme à son identité. On continue d'attribuer des surnoms, souvent à l'insu de ceux qui les portent. Mikael Madeg en a répertorié des milliers un peu partout. Les bretonnants sont apparemment très efficaces pour surnommer leurs voisins, avec souvent beaucoup d'humour, une bonne dose d'esprit caustique et un sens très poussé de l'observation. **Samm ar maout** (= soulève le bélier) désigne un homme d'une grande force physique. **Cheun laka an dorn** (= Yves y met la main) fait allusion à des méthodes directes dans l'approche du sexe féminin. **Karg e doull** (= qui se remplit le gosier) est le surnom traditionnel des grands buveurs.

Les cartulaires — ici celui de Redon — sont des recueils de charte exposant les titres de propriété d'un monastère ou d'une église. Ils mentionnent de très nombreux noms de lieux et de personnes, dont ils nous fournissent ainsi les formes anciennes.

Ph. : G. Prudor, Musée de Bretagne, Rennes.

Les noms les plus fréquents

1 325 964 naissances sont intervenues dans les trois départements qui englobent la Basse-Bretagne entre 1891 et 1940. Selon le professeur Jean Le Dû, c'est le nom de Le Gall qui arrive en tête (près de 9 000 naissances en cinquante ans), suivi de Le Roux, Le Goff, Thomas, Tanguy, Morvan et Guillou (plus de 5 000 naissances). Cette prédominance des Le Gall est d'autant plus marquée que d'autres variantes du même nom sont également bien représentées : Le Gal (près de 3 000 naissances), Le Gallo, Le Gallic, Gallou, etc. Il est étonnant que le nom le plus fréquent de Basse-Bretagne soit celui qui semble désigner une personne étrangère. En breton, **Gall** (pluriel **Gallaoued**) désigne en effet les gallos et signifie plus largement « français, de langue française »...

la grammaire

A quoi ressemble le breton ? Pour le comprendre, nous allons faire un peu de grammaire, ce qui ne suffira évidemment pas pour apprendre le breton, mais donnera une idée des particularités de la langue.

Le *nombre*

En plus du singulier et du pluriel, le breton possède un duel, un singulatif et un collectif. Le duel, marqué par le préfixe **daou-**, désigne les parties du corps qui vont par paires. Le singulatif (dont la marque est souvent **-enn**) s'oppose au collectif.

Il existe plusieurs formes de pluriel, pour rendre différentes formes de nuances. Les marques les plus courantes sont cependant en **-ou** ou en **-iou**.

	SINGULIER	DUEL	
	Lagad	**Daoulagad**	Œil/yeux
	SINGULATIF	COLLECTIF	
	Sivienn	**Sivi**	Fraise/des fraises
	SINGULIER	PLURIEL	
Pluriel en -ou	**Aval**	**Avalou**	Pomme (s)
Pluriel en -iou	**Kador**	**Kadoriou**	Chaise (s)
Pluriel en -ed	**Merh**	**Merhed**	Fille (s)
Pluriel en -ien	**Labourer**	**Labourerien**	Travailleur (s)
Pluriel en -i	**Bran**	**Brini**	Corbeau (x)
Pluriel interne	**Dant**	**Dent**	Dent (s)
Doubles pluriels	**Park**	**Parkou/parkeier**	Champ (s)

Les mutations *consonantiques*

Elles sont une caractéristique des langues celtiques, ainsi que du sarde parlé en Sardaigne. Ceux qui commencent à apprendre le breton les redoutent parfois, mais les locuteurs les utilisent automatiquement. Il s'agit de changer la consonne initiale d'un mot, en tenant compte du mot qui précède, ainsi que, parfois, du genre et du nombre. Il existe plusieurs types de mutations : la plus fréquente intervient par lénition, ou par adoucissement. C'est ainsi que le **p** initial d'un mot devient **b** dans certains cas.

TYPE DE MUTATION	LETTRES MUTÉES	MOT NON MUTÉ	MOT AVEC MUTATION	TRADUCTION FRANÇAISE
Lénition	P/B	**Perenn**	**Ar berenn**	Poire/la poire
	T/K	**Taol**	**An daol**	Table/la table
	K/G	**Kalon**	**Ar galon**	Cœur/le cœur
Spirantisation	K/H	**Kemener**	**Eur hemener**	Tailleur/un tailleur
Provection	B/P	**Breur**	**D'az preur**	Frère/à ton frère

Le *verbe*

Il existe toujours un infinitif et un participe passé. La conjugaison est régulière en général. La particularité du breton est que trois types de conjugaison sont possibles. Ainsi, avec le verbe **skriva** (= écrire), l'on peut avoir à la première personne du présent de l'indicatif les formes suivantes :

TYPE DE CONJUGAISON		
Analytique	**Me a skriv**	J'écris
Synthétique	**Eul lizer a skrivan**	J'écris une lettre
Périphrastique : avec l'auxiliaire ober (= faire)	**Skriva a ran**	J'écris

La *syntaxe*

Elle se caractérise par une très grande flexibilité de la phrase, ce qui la différencie beaucoup par rapport aux langues romanes ou germaniques. Alors que le français est

A gauche : statue du Père Maunoir à l'église de Plévin. Haut-Breton d'origine, il avait appris le breton pour assurer les prédications de mission en Basse-Bretagne. Sa réforme orthographique a donné naissance au breton prémoderne.

Ph. F. Broudic.

A droite : Jean-François-Marie-Aurice-Agathe Le Gonidec (1775-1838), ***tad ar gwir brezonek****, « le père du vrai breton ».*

Reproduit d'après le livre du Dr Dujardin.

Le « Catholicon » de Jehan Lagadeuc est une sorte de dictionnaire universel à l'usage des Bretons désirant apprendre le latin et le français. On en connaît un manuscrit de 1464 et trois éditions. Celle de 1499 a été imprimée à Tréguier par J. Calvez.
Ph. Bibliothèque municipale de Rennes.

une langue VSO (Verbe + Sujet + Objet), le breton a pour règle de base de placer :

1. le mot (ou le groupe de mots) le plus important en tête de phrase, celui sur lequel on veut attirer l'attention ;
2. ensuite le verbe ;
3. enfin le reste.

Les combinaisons sont multiples, puisque le verbe peut se conjuguer de différentes formes selon les cas :

MOT DE TÊTE		
Attribut	**Hir eo an hent**	La route est *longue*
Sujet	**Per a skriv eul lizer**	*Pierre* écrit une lettre
Objet	**Al lizer a skrivo warhoaz**	Il écrira *la lettre* demain
Verbe	**Skriva a rayo al lizer warhoaz**	Il *écrira* la lettre demain
Adverbe	**Warhoaz e skrivo al lizer**	Il écrira la lettre *demain*

Le mot de tête en breton est en italique dans la traduction française.

Les *prépositions*

Elles sont l'une des structures fondamentales de la langue bretonne, d'autant plus qu'elles se conjuguent ou plus exactement se combinent à des pronoms personnels ou adjectifs possessifs pour marquer la personne. Selon Francis Favereau, ce sont « des mots-outils essentiels pour l'expression d'une pensée concise et idiomatique en breton ».

PRÉPOSITION	TRADUCTION FRANÇAISE		
Gand	Avec	**Deus ganin**	Suis moi
Digand	De (provenance)	**Eul lizer am-eus bet diganti**	Elle m'a adressé une lettre
War	Sur	**Ema al leor war an daol**	Le livre se trouve sur la table

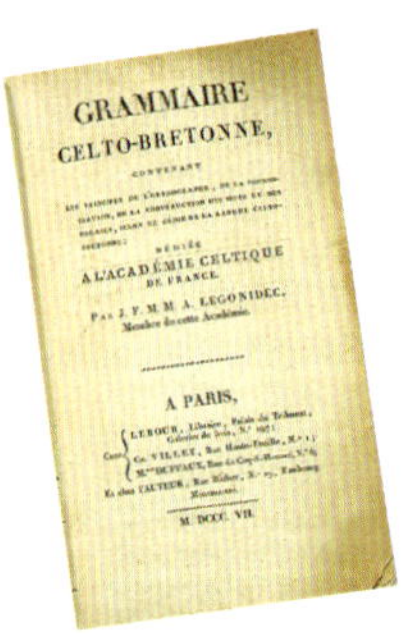

La parution de la « Grammaire celto-bretonne » de Le Gonidec marque en 1807 l'avènement du breton moderne.
Bibliothèque du Centre de Recherche Bretonne et Celtique (UBO, Brest).

Histoire des grammaires

La première véritable grammaire du breton est celle incluse par le père *Maunoir dans son « Sacré Collège de Jésus » en 1659. C'est lui qui décide de transcrire pour la première fois les mutations consonantiques dans la langue écrite, pour en faciliter la lecture. Rien que jusqu'en 1914, il a ensuite été publié plus d'une vingtaine de grammaires, comme par exemple celle de Grégoire de Rostrenen en 1738. La « Grammaire celto-bretonne » de *Le Gonidec. en 1807 normalise l'orthographe en supprimant les **c** et les **q** du français pour les remplacer par des **k** en breton. La plus complète actuellement disponible est « La grammaire du breton contemporain » de F. Favereau, qui détaille en près de 500 pages le groupe nominal, le verbe et la phrase.

La querelle des orthographes

En France, l'on parle parfois de moderniser l'orthographe du français, et tout le monde n'est pas d'accord. Pour le breton, il y a toujours eu plusieurs orthographes, et on peut actuellement choisir au moins entre trois. La première tentative récente d'unification — d'où son nom de **peurunvan** (= super-unifiée) — intervient en 1941, dans le contexte spécial de la dernière guerre. Le symbole en est le **zh**, qui vise à représenter par un même double graphème ce qui se prononce **h** dans le Vannetais et **z** ailleurs. Selon ce principe, on doit donc écrire **Breizh** pour le nom breton de la Bretagne.

L'orthographe universitaire (1953) contestait cette solution et continuait d'écrire **Breiz** en *KLT et **Breih** en *vannetais, tout en préconisant un certain nombre d'autres réformes. Des tentatives de rapprochement en 1975 aboutissent à une nouvelle orthographe interdialectale, mais seuls quelques-uns la mettent en pratique. L'adoption d'une orthographe unique sera-t-elle possible un jour ? Ce n'est pas certain, car la querelle des orthographes ne recouvre pas que des clivages d'ordre linguistique. Malgré « de piètres qualités pédagogiques » (F. Favereau), l'orthographe « unifiée » est actuellement la plus utilisée dans l'enseignement. Cela étant, les différences entre les trois graphies, pour être parfois gênantes, ne sont pas insurmontables.

DICTIONNAIRE FRANÇOIS-CELTIQUE, OU FRANÇOIS-BRETON NECESSAIRE A TOUS CEUX QUI VEULENT apprendre à traduire le François en Celtique, ou en langage Breton, pour Prêcher, Catechiser, & Confesser, selon les differens Dialectes de chaque Diocese ; utile, & curieux pour s'instruire à fond de la Langue Bretonne, & pour trouver l'Ethymologie de plusieurs mots François & Bretons, de noms propres de Villes, & de Maisons. Par le P. F. GREGOIRE DE ROSTRENEN, Prêtre & Prédicateur Capucin.

A RENNES, Chez JULIEN VATAR, Imprimeur & Libraire, au coin des Rues Royale & d'Estrées. M. DCC. XXXII. AVEC APPROBATION ET PRIVILEGE DU ROY.

Le « Dictionnaire françois-celtique ou françois-breton » de Grégoire de Rostrenen a été publié par l'éditeur Vatar en 1732. Les états de Bretagne avaient souscrit 200 exemplaires.

Bibliothèque du Centre de Recherche Bretonne et Celtique (UBO, Brest).

Une longue série *de dictionnaires*

Les Bretons sont de grands amateurs de lexiques et de dictionnaires. Le plus vieux dictionnaire de breton remonte à 1464 : il s'agit du Catholicon breton-français-latin, qui se trouve être aussi, du même coup, le premier dictionnaire français. Il fut rédigé à Tréguier par Jehan Lagadec « pour l'utilité des pauvres clercs de Bretagne » pour leur éviter de mettre « des écailles aux oiseaux et des plumes aux poissons ».

Les travaux les plus marquants du XVIIIe siècle sont presque tous l'œuvre de religieux. Dom Louis Le Pelletier, un bénédictin originaire du Mans, rédige un « Dictionnaire étymologique de la langue bretonne » en 1716. Pierre de Chalons, originaire de Lyon, était recteur de Sarzeau : son « Dictionnaire breton-françois du diocèse de Vannes » est édité après sa mort en 1723. Grégoire de Rostrenen, auteur du « Dictionnaire françois-celtique ou françois-breton » (1732) était capucin.

Le premier dictionnaire du breton moderne est celui de *Le Gonidec : son « Dictionnaire celto-breton ou breton-français » paraît à Angoulême en 1821 et inspirera tous ceux qui par la suite voudront que l'on écrive un breton « correct ». Son « Dictionnaire français-breton » est édité en 1847 par *La Villemarqué, mais avec des rajouts critiquables et des erreurs.

Dans la seconde moitié du XXe siècle, le petit lexique de Visant Seité apparaît comme un véritable best-seller, vendu à plus de 100 000 exemplaires. Roparz *Hemon a publié un dictionnaire historique de plus de 3 000 pages. Francis Favereau a innové en éditant un dictionnaire du breton contemporain de près de 50 000 entrées, ainsi qu'un CD-Rom de prononciation. Enfin, le premier dictionnaire unilingue « tout en breton » est paru en 1995.

Les dictionnaires sont, avec les méthodes, les ouvrages de breton les mieux vendus.

parler *le* breton

Précisons, au cas où cela serait nécessaire, que le breton est une langue à part entière. Etant une langue celtique, il a certes longtemps vécu — selon l'expression de Christian-J. Guyonvarc'h — « en symbiose » avec une grande langue de civilisation, en l'occurrence le français. Mais c'est un monde en soi, avec son originalité et ses caractères propres : vocabulaire, système de conjugaison, structure de la phrase, dont on ne trouve pas l'équivalent dans d'autres langues.

Tous les bretonnants ont cependant conscience des différences plus ou moins grandes de prononciation ou de vocabulaire qu'il peut y avoir entre eux et leurs proches voisins, a fortiori avec d'autres locuteurs situés à cent cinquante kilomètres de chez eux. Est-ce à dire que l'intercompréhension n'existe pas ? Si, bien sûr : deux bons bretonnants n'ont aucune difficulté à se comprendre. Mais dans les cas limites cela peut être moins facile, voire impossible : c'est la raison pour laquelle, lorsque certains bretonnants éloignés l'un de l'autre se rencontrent, ils adoptent couramment le français comme langue de conversation. Par ailleurs, les *néo-bretonnants (ceux qui ont appris le breton comme langue seconde) ne s'expriment pas toujours comme ceux qu'Anna Quéré appelle les locuteurs premiers, c'est-à-dire ceux dont le breton est la langue « maternelle ». Toutes ces questions donnent souvent lieu à des discussions passionnées. En fait, pour bien comprendre la situation, il faut savoir qu'il y a plusieurs formes ou plusieurs états de breton.

Les standards du breton en usage dans chacun des départements, jusqu'au milieu du XXe siècle. En haut : des poèmes vannetais, à droite : un roman en breton du Léon, en bas : des contes en trégorrois.

Bibliothèque du Centre de Recherche Bretonne et Celtique (UBO, Brest).

Pour la plupart des locuteurs, le breton est tout d'abord celui de chez eux : c'est un parler familier, identitaire. C'est un parler de proximité que l'on utilise dans le cadre du voisinage ou de la commune, comme signe de reconnaissance aussi, pour marquer en même temps sa différence par rapport à ceux qui ne s'expriment pas tout à fait de la même façon un peu plus loin. Deux chercheurs brestois, J. Le Dû et Y. Le Berre, ont proposé de définir ce type de relation vis-à-vis du breton comme un « badume » — terme nouveau élaboré à partir du breton **'barz du-mañ** (= chez nous, parce que « chez nous » on dit ceci...). On parle le badume, mais on ne l'écrit pas et on ne l'enseigne pas.

Il existe cependant une forme de langue commune que l'on peut appeler un « standard », parce que tout le monde le reconnaît comme tel et qu'il est destiné à la communication sur un territoire plus étendu que la paroisse ou le canton. Le standard est une forme codifiée de la langue, plus noble aussi, et que l'on respecte d'autant plus qu'il s'écrit. On l'emploie dans des contextes bien déterminés : *presse, *prédication, *chanson... Dans le cas du breton, plusieurs standards, correspondant aux « dialectes » dont nous allons parler tout de suite, ont coexisté jusqu'au milieu du XXe siècle. Ils ont périclité lorsque l'Eglise en a abandonné l'usage.

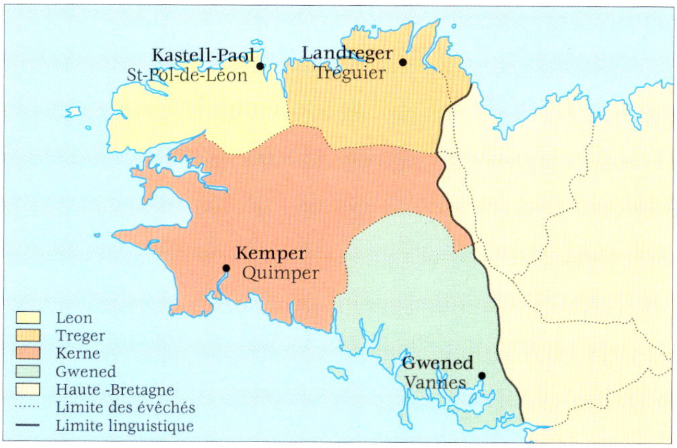

La vision traditionnelle des dialectes bretons correspond en partie au découpage des évêchés sous l'Ancien Régime.

Il existe enfin un état de langue — que l'on peut définir comme une « norme » — qui s'impose à l'ensemble des citoyens : tout le monde y fait référence, en matière de lexique comme en matière de grammaire. Cette norme, en Bretagne comme ailleurs en France, c'est le français. Dans le cas du breton, l'on a bien tenté aussi d'élaborer une norme : mais d'une part, elle est puriste en matière de vocabulaire et dès lors bien éloignée des parlers vivants ; d'autre part, elle ne s'impose pas à l'ensemble des locuteurs. C'est la raison pour laquelle ceux qui parlent un « breton de proximité » déclarent qu'ils ne comprennent pas toujours ceux qui se réfèrent à un « breton littéraire » (qu'on appelle aussi parfois le « néo-breton »). Comme on l'entend dire bien souvent : « Ce n'est pas le même breton. »

Le terme « langue bretonne » recouvre donc des réalités différentes qui, en plus, ont varié dans le temps. On peut tenter de schématiser cette évolution sur le tableau suivant :

	Du XIXe siècle au milieu du XXe siècle	Depuis le milieu du XXe siècle	
Norme	FRANÇAIS	FRANÇAIS	Breton (littéraire)
Standard	BRETON (dialecte)		
Badume	BRETON (de proximité)	BRETON (de proximité)	

Les *dialectes*

Habituellement, on considère qu'il y a quatre *dialectes bretons, autrement dit quatre façons différentes de parler le breton correspondant chacune à une zone géographique. Ce découpage traditionnel correspond en partie à celui des évêchés d'avant la Révolution : il s'agit de la Cornouaille (en breton : **Kerne**), du Léon (**Leon**), du Trégor (**Treger**) et du *Vannetais (**Gwened**). Trois de ces dialectes ont un certain nombre de traits en commun — l'accent tonique sur l'avant-dernière syllabe par exemple —, et c'est la raison pour laquelle on parle souvent de la zone *KLT (d'après l'initiale de leur nom breton). En principe, l'intercompréhension est plus facile à l'intérieur de cette zone. La prononciation du vannetais diffère sensiblement de celle du KLT.

Trois de ces dialectes — mais ce ne sont pas les mêmes — ont imposé leur standard dans le passé : ce sont le léonard et le vannetais, et dans une certaine mesure le trégorrois. C'est la raison pour laquelle on a, à compter du XIXe siècle surtout, des livres, des journaux ou des *revues édités dans chacun de ces dialectes. Mais ces développements sont intervenus dans le cadre des nouvelles structures administratives issues de la Révolution française, c'est-à-dire les départements. Le vannetais a donc prospéré dans le Morbihan, et le trégorrois dans les Côtes-du-Nord. Dans le Finistère, le léonard s'est imposé à l'ensemble du département, au détriment du cornouaillais.

Ce n'est pas tout. Car les phénomènes linguistiques ne tiennent pas compte des frontières administratives. En réalité, il n'y a pas de relation directe entre les limites dialectales, celles des anciens évêchés et celles des nouveaux départements. Si l'on prend par exemple le mot **koad** (= bois), les différences de prononciation ne sont pas très importantes d'un endroit à l'autre, mais il se prononce bien de trois façons différentes en fonction des endroits. La répartition de ces différentes formes sur une même carte fait apparaître des lignes (que les spécialistes appellent des isoglosses), qui révèlent la manière dont ces prononciations (ou les mots eux-mêmes) ont circulé dans le passé. A cet égard, la forme **koad** avec accent sur le **a** est typique de l'influence de Carhaix, qui a été pendant tout le Moyen Age le grand marché du centre Bretagne. La carte **dijuni** (= petit déjeuner), quant à elle, montre le rayonnement de Morlaix (dont le port a été très actif pendant plusieurs siècles) dans la zone nord-ouest, et la poussée romane exercée par Vannes et Pontivy.

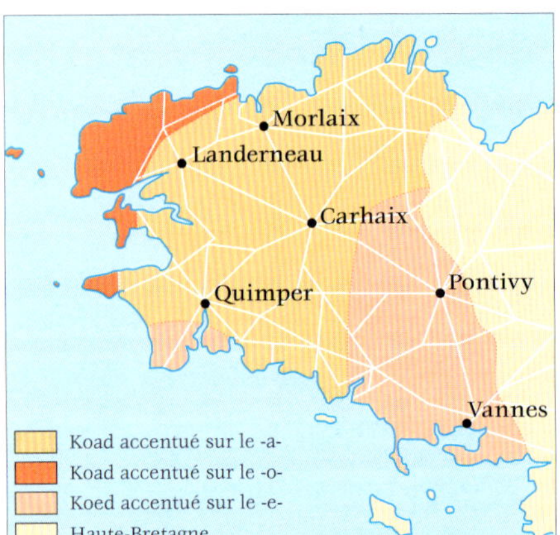

*Carte des isoglosses de **koad** (= bois).*
Carte de Bernard Tanguy.

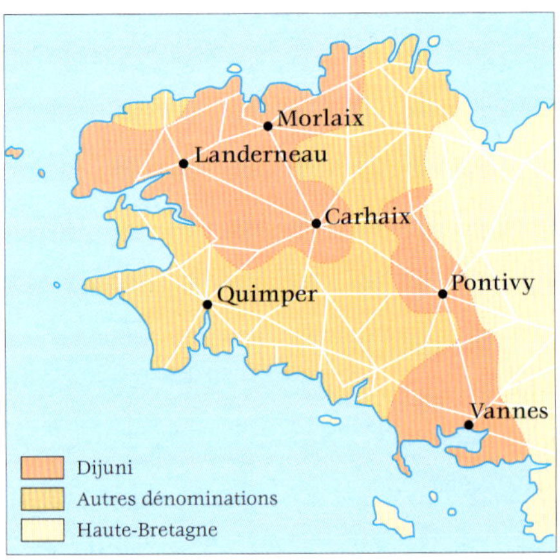

*Carte des isoglosses de **dijuni** (= petit déjeûner).*
Carte de Bernard Tanguy.

D'un point de vue linguistique, la situation actuelle de la langue bretonne est caractérisée (comme toute langue d'ailleurs) par la *variation et elle est donc la résultante de toute une histoire relativement complexe. Il existe bien une forme unifiée de breton, et c'est ce breton « normé » qu'on retrouve en particulier dans les ouvrages et les *revues qu'on édite aujourd'hui. Mais il n'y a actuellement ni une langue commune qui soit reconnue comme telle par tous les locuteurs, ni de prononciation standard. Cela n'empêche pas que ceux qui savent le breton ont du plaisir à l'entendre ou à le parler.

Le champ de foire (Quimper), vers 1810, par Olivier Perrin. Au cours de leur voyage en 1847, G. Flaubert et M. Du Camp écrivent : « La place était pleine de paysans, de charrettes et de bœufs : on entendait sonner les rauques syllabes celtiques, mêlées au grognement des animaux et au claquement des charrettes. »

Musée des Beaux-Arts, Quimper

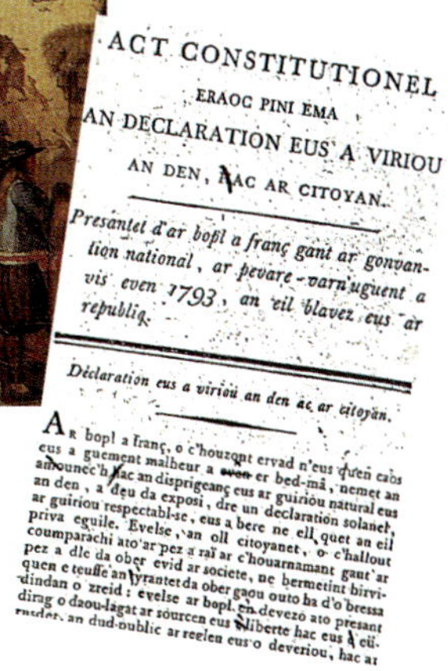

ACT CONSTITUTIONEL
ERAOC PINI EMA
AN DECLARATION EUS A VIRIOU
AN DEN, HAC AR CITOYAN.

Presantet d'ar bopl a franç gant ar gonvantion national, ar pevare-varn'uguent a vis even 1793, an eil blavez eus ar republiq.

Déclaration eus a viriou an den ac ar citoyan.

Ar bopl a franç, o c'houzont ervad n'eus quen caos eus a guement malheur a er bed-mâ, nemet an amounec'h hac an disprigeanç eus ar guiriou natural eus an den, a deu da exposi, dre un declaration solanel, ar guiriou respectabl-se, eus a bere ne ell quet an eil priva eguile. Evelse, an oll citoyanet, o c'hallout coumparachi ato ar pez a raï ar c'houarnamant gant ar pez a dle da ober evid ar societe, ne bermetint birvidindan o zreid : evelse ar bopl en devezo ato presant dirag o daou-lagat ar sourcen eus e liberte hac eus e eürusdet, an dud-public ar reelen eus o deveriou, hac ar

La traduction en breton de la Déclaration des droits de l'homme et du citoyen de 1793.

Document publié par A. Merser (Editions Brud Nevez).

Chronologie

Comme pour toutes les langues, l'histoire du breton se subdivise en plusieurs périodes.

Le *vieux-breton va des origines à la fin du XIe siècle. Il est surtout connu par des gloses figurant dans les manuscrits latins de l'époque. Le plus ancien document en vieux-breton consiste en fragments d'un traité de médecine du VIIIe siècle.

La période du *moyen-breton, dont on a conservé plusieurs pièces de théâtre, s'étend du XIIe au début du XVIIe siècle.

La parution de la grammaire du Père *Maunoir en 1659 marque la naissance du breton prémoderne.

Le breton moderne enfin date de la grammaire de *Le Gonidec en 1807. Il est caractérisé par l'adoption progressive de son orthographe et de son vocabulaire.

qui *parle* breton ?

On peut comprendre une langue sans la parler, mais l'inverse n'est évidemment pas possible. Combien de personnes sont aujourd'hui capables de parler le breton ? Le sondage effectué en 1997 par l'institut TMO-Régions fournit des données précises à cet égard : en Basse-Bretagne, 31 % des personnes (de plus de 15 ans) interrogées déclarent qu'elles comprennent le breton et 20 % affirment qu'elles sont capables de le parler très bien ou assez bien [1]. Ces pourcentages correspondent à 240 000 locuteurs et à 370 000 personnes comprenant la langue régionale.

Ce que révèle aussi le sondage de TMO, c'est que les jeunes ne savent pratiquement plus le breton et que ce sont surtout les personnes âgées qui le parlent : aujourd'hui, 2 bretonnants sur 3 se situent dans la catégorie des plus de 60 ans et sont désormais des retraités. Au-dessous de 40 ans, on dénombre actuellement moins de 15 000 personnes pouvant parler le breton.

Tous ceux qui savent le breton savent aussi le français : les bretonnants sont tous bilingues. Ils ont, autrement dit, deux répertoires linguistiques à leur disposition, et ils peuvent opter pour l'un ou pour l'autre en fonction des circonstances. Sur ce point, il apparaît que ceux qui savent le breton ne le parlent pas régulièrement. Près de 80 % des bretonnants reconnaissent qu'ils s'expriment en leur langue moins souvent qu'en français : 12 % seulement affirment qu'ils le font plus souvent. En fait, il suffit que dans un groupe quelqu'un ne comprenne pas le breton pour que, par un phénomène

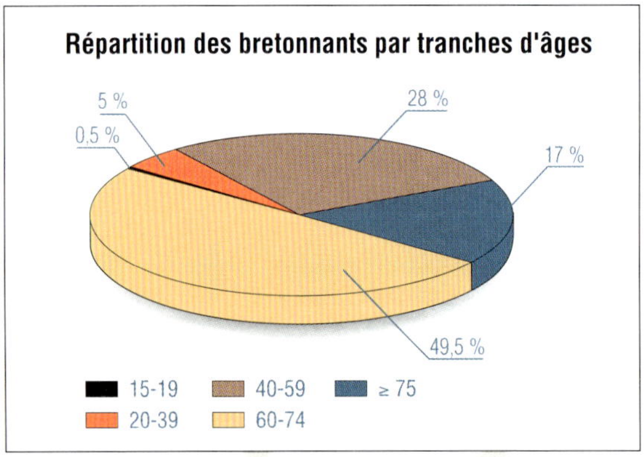

Le pourcentage de bretonnants parmi les moins de 20 ans est infime. Les deux tiers de ceux qui savent le breton ont désormais plus de 60 ans.
Sondage F. Broudic/TMO-Régions, avril 1997.

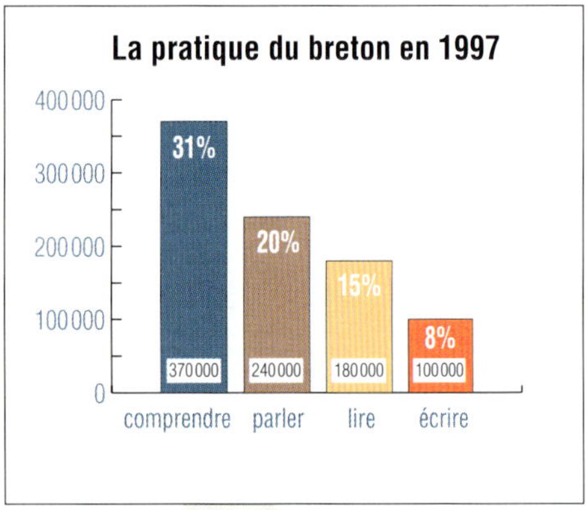

La pratique du breton en Basse-Bretagne, parmi les plus de 15 ans. La plupart de ceux qui peuvent lire et écrire le breton déclarent aussi qu'ils ne le font pas bien.
Sondage F. Broudic/TMO-Régions, avril 1997.

d'accommodation, la conversation se déroule en français. C'est sans doute ce qui explique que la moitié seulement des bretonnants (120 000 personnes environ) soit des locuteurs « réguliers ».

On parle plus le breton avec ses amis ou avec ses voisins qu'on ne le fait en famille : entre conjoints, ce sont généralement les plus de 60 ans qui le font. L'usage du breton est plus faible là où il y a le plus de jeunes, c'est-à-dire dans les communes les plus dynamiques sur le plan démographique. Ce qui s'explique par le fait que les bretonnants préfèrent parler leur langue avec des gens plus âgés qu'eux ou avec ceux de leur génération : avec les jeunes, qui ne le savent pas, ils s'expriment en français.

1. Sondage réalisé sur le territoire de la Basse-Bretagne en avril 1997, sur un échantillon de 2 500 personnes, âgées de 15 ans et plus, représentatif de la population concernée en termes d'âges, sexes et catégories socio-professionnelles.

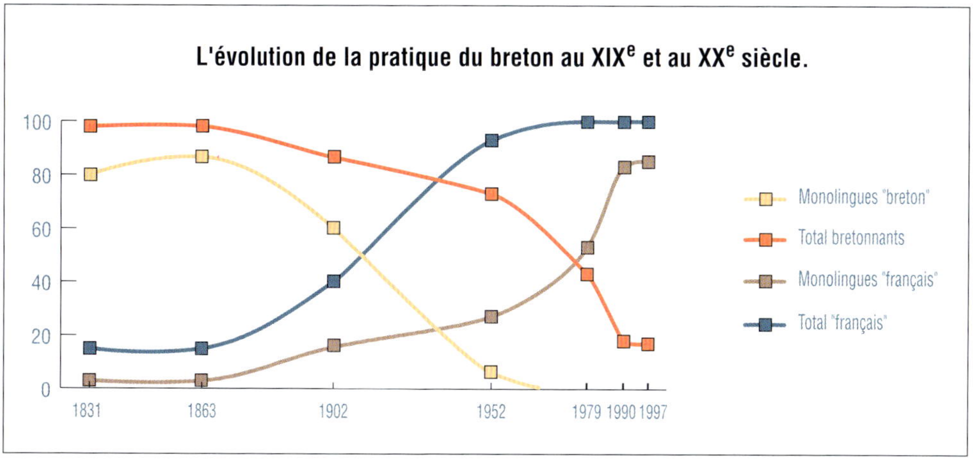

L'évolution de la pratique du breton depuis le début du XIXe siècle jusqu'à nos jours. Le nombre total de bretonnants est en diminution rapide depuis la dernière guerre, alors que tout le monde désormais sait le français.
Graphique : F. Broudic.

—— ◆ ——

En trois générations

Si les jeunes d'aujourd'hui sont si peu nombreux à parler ou même à comprendre le breton, c'est que la transmission de la langue d'une génération à l'autre a été interrompue. Il n'est pas rare d'entendre des personnes qui ne savent que le français déclarer que leurs grands-parents ne savaient que le breton. Le processus s'est généralement développé sur trois ou quatre générations, c'est-à-dire sur une période d'un siècle environ :

- les grands-parents étaient monolingues bretonnants, et ne savaient donc que le breton ;
- les parents ont été ou sont bilingues ;
- les enfants ou les petits-enfants sont monolingues francophones et ignorent le breton.

—— ◆ ——

Au XIXe siècle, *la langue exclusive*

La situation diffère du tout au tout de celle du XIXe siècle. Lorsqu'au nom de l'administration impériale Coquebert de Monbret effectue en 1806 la première enquête officielle sur les langues de France, il considère tout simplement comme bretonnants tous ceux qui résident à l'ouest de la frontière linguistique. Il est vrai que l'usage du breton est général : selon la première enquête statistique (1831), 80 % des habitants du Sud-Finistère sont des monolingues bretonnants, moins d'une personne sur cinq *pouvant* parler, lire ou écrire le français.

Soir de pardon, par Jean Pegot-Ogier, vers 1913. « Qui préservera la Bretagne de l'irréligion et de la corruption qui gagnent avec le français les autres provinces, si ce n'est encore et toujours la langue d'or de nos aïeux ¿ » Pour La Villemarqué, le breton est le « cordon sânitaire » qui doit protéger les populations bretonnantes de l'envahissement des idées nouvelles.

Musée municipal de Lorient.

En 1859, J. Gaultier du Mottay enquête auprès des instituteurs en vue de publier sa *Géographie départementale des Côtes-du-Nord*. On apprend ainsi qu'à Saint-Fiacre « le breton est le langage naturel du pays » et qu'à Pleumeur-Bodou « toutes les instructions religieuses et les publications civiles, politiques et administratives se font dans cette langue ». Les villes comme Lannion, Corlay, Callac se partagent entre une zone rurale bretonnante et un secteur urbain où les deux langues sont en usage. Il en est également ainsi à Tréguier : « Cependant, la langue de la classe ouvrière est le breton. »

Quelques années plus tard, en 1864, un inspecteur de l'Instruction primaire se montre très précis dans un rapport concernant les circonscriptions de Quimper et Morlaix : dans les villes, écrit-il, « un dixième de la population adulte ne sait que le français et une moitié sait le français et le breton. Le reste ne sait que le breton. Le dixième ne sachant que le français est généralement composé de fonctionnaires ou d'autres étrangers résidant dans ces villes ». Les communes rurales, quant à elles, « parlent exclusivement le breton. C'est à peine si l'on y trouve parmi les adultes 1/25 sachant assez bien le français pour le parler avec quelque facilité ».

En 1902, le président du Conseil, Emile Combes, veut réprimer le clergé pour * « usage abusif du breton » pour la *prédication et le catéchisme. Or, d'après les recteurs, il est impossible de faire les sermons en français dans les paroisses rurales puisque « la population ne parle que le breton, et n'est pas capable, à part quelques rares individus, de suivre et de comprendre une instruction française ». En ville, à Brest, Quimper ou Morlaix, la prédication est assurée en français, sauf pour « les journaliers et domestiques venant de la campagne ». Le préfet du Finistère, H. Collignon, admet lui-même qu'il est « exact qu'un grand nombre d'enfants de la campagne ne connaissent pas suffisamment le français… Quant aux hommes qui ont atteint la quarantaine, dans la grande majorité des communes du département, la langue bretonne est la seule qui soit connue d'eux ». D'après le sous-préfet de Brest, dans la plupart des communes, la population adulte « comprend un peu le français et montre une préférence marquée pour le breton ».

Les années *décisives*

La situation va évoluer assez vite au cours du XXe siècle. On peut le mesurer en observant la langue utilisée pour la *prédication. Vont à l'église, pour la messe, toutes sortes de fidèles, de tous les âges et de savoirs différents, et aussi des gens qui ne savent que le breton ou que le français, ou qui connaissent les deux langues. Il semble qu'à cet égard le clergé ait tenu compte de la composition de son auditoire. Ainsi, dans le Vannetais, les trois quarts des paroisses assurent la prédication en breton en 1924. Mais en 1944, il n'y en a plus que la moitié à le faire, et en 1963, il n'en reste que six.

Les années décisives se situent après la dernière guerre. Dans les communes rurales, le breton est toujours d'usage courant : à Plougoulm comme à Landudec, selon une enquête de 1946, « les foyers où le breton n'est pas parlé sont extrêmement rares ». L'usage du français au quotidien ne concerne que les instituteurs, les membres du clergé, le médecin, quelques commerçants. Encore ces derniers savent-

Une noce en Bretagne, par Adolphe Leleux, 1863.
« Quoique ne parlant pas français, on vit donc ici tout de même ! On y dort, on y boit, on y fait l'amour, et on y meurt tout comme chez nous ! Ce sont aussi des humains que ces êtres-là. » G. Flaubert et M. Du Camp en 1847, à propos de Carnac.
Musée des Beaux-Arts, Quimper.

Le bourg de Bodilis. En 1902, l'instituteur de Bodilis, Godec, fait état du « nombre assez restreint des habitants qui connaissent le français même imparfaitement, si l'on excepte les personnes qui connaissent simplement quelques mots usuels sans pouvoir converser du tout. Les enfants au sortir des écoles, les soldats à leur retour du régiment parlent uniquement breton et oublient bien vite le peu qu'ils avaient pu apprendre ».

Carte postale, collection Centre de Recherche Bretonne et Celtique (UBO, Brest).

ils aussi le breton : à Plabennec, « c'est la langue de tous les paysans au travail. C'est aussi leur langue pour le commerce, aussi bien chez le garagiste que chez le médecin ». Mais de plus en plus, on parle français dans les centres-bourgs — comme en ville — et breton uniquement à la campagne.

C'est à ce moment que les parents font massivement le choix d'élever leurs enfants, non plus en breton comme ils l'avaient été eux-mêmes, mais en français. Il existe encore des communes comme Beuzec-Cap-Sizun où « les parents parlent uni-

Procession au pardon de Kergoat, avec une bannière en breton dédiée à sainte Anne. A la veille de la dernière guerre, d'après le témoignage des recteurs, la prédication « se fait toujours en breton, rarement en français » dans la plupart des communes rurales et même les petites villes.

Cliché : Jos Le Doaré.

Touristes débarquant au Fret, dans la presqu'île de Crozon, vers 1925. Dans les paroisses du littoral, en 1936, les sermons sont « généralement en langue bretonne, et pendant la saison des bains en français ».

Ph. Jos Le Doaré.

quement le breton à leurs enfants, ceux-ci arrivant à l'école ne sachant s'exprimer qu'en breton ». Mais à Guipavas, il est « très mal noté de s'adresser en breton aux enfants », et à Saint-Pol-de-Léon c'est « le grand chic » de les élever en français. Les situations de diglossie (utilisation dans une même communauté de deux langues de prestige différent en fonction du contexte) se multiplient : à Goulven, « les parents s'adressent en breton à leurs enfants et ceux-ci répondent en français ». A Plouénan, « même les grands-parents essaient de parler français à leurs petits-enfants ». En 1946, à Saint-Méen, tous les enfants scolarisés avaient le breton comme langue maternelle : six ans plus tard, ce n'est plus le cas que d'un sur dix.

Le port de pêche de Douarnenez vers 1950.

En 1954, P. Keraval écrit à propos du marin-pêcheur du pays bigouden qu'il « emploie toujours le breton à bord de son bateau lorsqu'il parle à l'équipage. En famille, il parle en breton à son épouse ; à ses enfants, écoliers ou étudiants, en français ; mais reprend le parler celtique pour discuter avec son fils marin ou ouvrier ». Depuis, la situation a bien changé.

Ph. Jos Le Doaré.

Moisson vers 1930.

Dans une commune rurale des environs de Châteaulin, « commerçants, bourgeois, fonctionnaires parlaient exclusivement le français ; ouvriers, paysans et domestiques, surtout breton ». Le linguiste Albert Dauzat en 1925-1926.

Ph. Jos Le Doaré.

D'un point de vue sociolinguistique, la situation de la langue bretonne s'est donc considérablement transformée en Basse-Bretagne tout au long du XXe siècle. Par un phénomène de substitution ou de changement de langue, le bilinguisme s'est inversé : jusqu'en 1914, le breton était majoritaire ; aujourd'hui c'est le français qui l'est. Vers 1950, le total de ceux qui pouvaient s'exprimer en breton était toujours de 1 100 000 personnes. Aujourd'hui, on l'a vu, il est de 240 000. La transmission n'est plus guère assurée dans le cadre familial. Rien que depuis la dernière guerre, le breton a perdu 80 % de ses locuteurs.

le breton *et l'*école

L'école a la réputation d'avoir « interdit » la langue bretonne. Les choses ne sont pourtant pas si simples, et si on les examine depuis le XIXe siècle, on peut observer des comportements très différents selon les périodes.

Au niveau des principes, les intentions sont claires : la primauté est bien donnée au français comme langue nationale. Mais la loi n'évoque jamais la question des langues régionales et se contente de définir l'obligation de l'enseignement du français. Les réglementations, par contre, sont tout de suite plus précises et plus contraignantes. Ainsi, le « Règlement pour les écoles primaires élémentaires de l'arrondissement de Lorient » stipule en 1836 qu'il « est défendu aux élèves de parler breton, même pendant la récréation et de proférer aucune parole grossière. Aucun livre breton ne devra être admis ni toléré ». En 1846, le préfet des Côtes-du-Nord estime que « nos écoles, dans la Basse-Bretagne, ont particulièrement pour objet de substituer la langue française au breton, et ce serait incontestablement déjà un grand bienfait ». En 1863, le recteur de l'académie de Rennes se demande quelles « mesures pratiques il conviendrait de prendre pour déraciner chez les habitants l'habitude de la langue bretonne ». Le règlement du 18 mars 1881 officialise l'interdiction de la langue locale à l'école.

« Nous ne pouvons *interdire . . .* »

En pratique pourtant, les méthodes de scolarisation ont toujours été très diverses. Il existait tout d'abord « les petites écoles », dans lesquels des instituteurs ambulants, parfois clandestins, faisaient une large place à la langue bretonne : ainsi vers 1840, à Berrien, « une femme du pays nommée Laurence allait de village en village pour enseigner la lecture du breton ». Il existait à l'inverse la tradition du « placement » : des jeunes bretonnants étaient envoyés pendant quelque temps en ville ou même hors de Basse-Bretagne, pour faciliter leur apprentissage du français : on désignait parfois ces établissements sous le nom de ***likès***. Ce sont les paysans aisés qui plaçaient ainsi l'un de leurs enfants en internat pour mieux l'isoler de son milieu.

Vers 1880, avant même l'adoption des lois Ferry, toutes les communes ont une école. Contrairement à beaucoup d'idées reçues, le breton y est admis : comme le reconnaît l'inspecteur primaire de Brest en 1863, « nous ne pouvons interdire d'une manière absolue l'usage du breton, même dans nos écoles publiques. Il faut bien, dit-il, que le maître emploie cet idiome pour se faire comprendre des commençants ». En 1864, le Conseil académique du Morbihan donne son approbation à trois manuels

L'éducation en ville, ou **likèss***, au début du XIXe siècle. Dessin d'Olivier Perrin en 1835. « Le père de Corentin qui, sans être riche, jouit d'une certaine aisance, a senti que son héritier ne devrait pas se borner à pouvoir lire ou chanter le breton et le latin, et qu'il lui importait de s'initier à cette langue française que dédaignent les vrais enfants de l'Armorique. Il a donc été décidé que Corentin irait passer à la ville six mois ou un an… » Alexandre Bouet.*

Bibliothèque du Centre de Recherche Bretonne et Celtique (UBO, Brest).

breton-français. Déjà en 1857, l'inspecteur d'académie du Finistère avait décidé de faire du breton la langue auxiliaire de l'enseignement : « Dès que les enfants entrent à l'école, on leur fait suivre un exercice qui consiste à leur indiquer en breton les objets qu'ils connaissent et le nom français correspondant, puis on fait l'inverse. »

L'enquête effectuée en 1864 à la demande du ministre de l'Instruction publique, V. Duruy, révèle que l'école tient compte de la langue des enfants : 40 % des écoles du Morbihan et 45 % de celles des Côtes-du-Nord (c'est-à-dire presque toutes celles de la zone bretonnante) emploient conjointement le breton et le français. Dans le Finistère, c'est le cas de 70 % des écoles, et il y en a même 6 % qui n'utilisent que le breton en classe. Il n'y a réellement que 25 % des classes où seul le français est utilisé.

La période dure *d'exlusion du breton*

Parallèlement, l'on utilise des méthodes plus persuasives. Lors de l'enquête de 1864, un inspecteur suggère l'usage du * « symbole ». En 1887, l'inspecteur général Carré impose « la méthode directe » qui s'apparente à ce que l'on appelle aujourd'hui l'immersion linguistique : selon lui, il n'est pas « nécessaire de recourir à la langue que [les enfants] parlent en arrivant à l'école pour leur apprendre le français qu'ils ne savent pas ». En 1897, un certain Dosimont, inspecteur d'académie du Finistère, est encore plus catégorique : il édicte comme une « règle inviolable » et un « principe qui ne saurait jamais fléchir » le fait que « pas un mot de breton » ne devait être prononcé en classe ni dans les cours de récréation.

Il a donc fallu attendre la fin du XIXe siècle pour réussir à expulser le breton de l'école. Cette « période dure » d'exclusion va se prolonger pendant un demi-siècle environ, jusqu'à la dernière guerre. En 1925, le ministre de l'Instruction publique, A. de Monzie, publie une circulaire excluant « que le dialecte local puisse servir à enseigner le français ». En 1938, le règlement de l'école publique de Plozévet stipule qu'il « est défendu de jouer à des jeux dangereux et de parler breton entre camarades ».

Dans Le Cheval d'orgueil, Pierre-Jakez *Hélias a justement décrit le triste sort des « galériens du français » que sont les élèves à ce moment. Nombre de témoignages recueillis sur cette époque sont douloureux. Ainsi ce paysan du Léon, interviewé par F. Elegoet, qui constate simplement : « Quand nous sommes allés à l'école, nous ne savions que le breton et il fallait parler français. » Yvonne Riou, paysanne de Milizac, l'a raconté à J. Ropars : « Nous avons dû pleurer bien des fois, parce que nous n'avions pas bien compris. » Elle n'avait « pas honte, dit-elle cependant, de savoir le breton en arrivant à l'école ». Mais P.-J. *Hélias a pu écrire qu'il n'a pas cessé « de rencontrer des bretonnants honteux ».

Ecole des filles de Plonéour-Lanvern, 1928. «A l'école, nous entendons que du français, nous devons répondre avec les mots français que nous attrapons. Sinon, nous taire ». Mais souvent le maître « est bien obligé de souffler le terme breton ». Témoignage de P.J. Hélias dans «Le Cheval d'orgueil», à propos de ses années d'école, vers 1925.
Collection Musée de l'Ecole rurale en Bretagne, Trégarvan.

Pour autant, cette pédagogie de coercition a coïncidé avec la demande sociale de français. C'est bien pour apprendre le français que, dans une société paysanne bien différente de celle d'aujourd'hui, les parents inscrivaient leurs enfants à l'école : personne ne contestait que l'école avait à le leur apprendre. La pression parentale pousse à la connaissance de la langue nationale, perçue comme étant la clé de toute réussite sociale et professionnelle. Grâce au français, l'on pouvait « s'en sortir » : mieux gérer ses propres affaires, passer des concours, rêver de promotion sociale, songer même à émigrer, et c'est pourquoi beaucoup de bretonnants sont reconnaissants à l'égard de leurs instituteurs de ce qu'ils ont fait pour eux. Le français donnait accès au savoir auquel on aspirait tant. Mais une agricultrice déclare après coup : « Nous n'étions pas si bêtes. Je pense que nous aurions pu apprendre le français d'une autre manière. »

Religieuse enseignant l'alphabet vers 1950. Les enfants « n'arrivent à l'école que pour faire leur première communion. Ils ont déjà appris en breton leurs prières et quelques leçons de catéchisme. Ils quittent l'école vers treize ou quatorze ans, ayant appris quelques mots de français ; mais bien rares sont ceux qui ont une idée d'un sujet, verbe, complément ». Le curé-doyen d'Elliant, en 1902.
Ph. Jos Le Doaré.

Rondins, vieux sabot, sabot miniature, galet : la collection de symboles du Musée de l'Ecole rurale à Trégarvan (reconstituée d'après témoignes). « Ils marquent d'un signe réprobateur le premier qui laisse échapper quelque mot celtique, et ce signe passant de boutonnière en boutonnière jusqu'à celle du dernier coupable de la semaine, vaut à celui-ci une punition ou une amende. » Alexandre Bouet, 1835.
Ph. F. Broudic.

Le symbole

C'est un responsable académique, par ailleurs collecteur de chansons en langue bretonne, Louis Dufilhol, qui semble avoir le premier préconisé dès 1833 l'utilisation de ce qu'on n'appelait pas encore le *« symbole », pour obliger les petits bretonnants à s'exprimer en français. En 1864, l'inspecteur primaire de Quimper, en conseillant « la surveillance incessante des élèves par eux-mêmes », veut généraliser « la punition réservée à la fin de chaque journée aux détenteurs de jetons ». A la fin des années 1880, l'inspecteur général Carré récuse ces méthodes répressives : « par-dessus tout ne pas faire usage du symbole, si tant est que cette méthode existe toujours quelque part ». L'usage de ce qu'on appelait aussi **ar vuoh** (= la vache) s'est pourtant prolongé jusque vers 1950.

La Basse-Bretagne n'a pas eu l'exclusivité du « symbole ». Il a aussi servi ailleurs en France. Les Irlandais l'ont utilisé dans leurs écoles au XIXe siècle. Il était déjà en usage au XVIe siècle dans les universités européennes pour obliger les étudiants à s'exprimer en latin.

Le breton officiellement *autorisé*

Malgré les interdits, certains instituteurs continuent malgré tout de se servir du breton dans leur classe. On trouve même dans les Côtes-du-Nord en 1912, en pleine période d'exclusion du breton, un inspecteur d'académie reconnaissant que « ce n'est jamais un malheur de savoir deux langues ». L'enseignement privé participe aussi durement que le public à ce que C. Brunel appelle « la logique francisante », mais tente dès les années 1890 quelques expériences limitées d'enseignement du breton. C'est le régime de Vichy qui va finalement l'autoriser, mais de manière facultative et à raison d'une heure et demie par semaine.

Cours de breton dans l'enseignement public dans les années 1960.
Archives : A. Merser.

La loi Deixonne est votée en 1951 : c'est la première fois qu'une loi organise l'enseignement facultatif « des langues et dialectes locaux », dont celui du breton. Malgré l'application restrictive qui en est faite, elle marque une rupture par rapport à la période précédente. L'enseignement du breton progressera lentement. Il concerne aujourd'hui 25 000 élèves dans le primaire et dans le secondaire.

—— ◆ ——

Revendication permanente

La première mention d'une revendication en faveur de l'enseignement du breton remonte à 1837. Un juge de paix de Brest, Laouénan, adresse cette année-là un mémoire au préfet du Finistère pour lui exposer « la nécessité d'instruire les Bas-Bretons dans leur propre langue ». A la même époque la population fait de la résistance passive vis-à-vis de l'école, parce qu'elle est en français : « L'interdiction aux instituteurs de ne rien apprendre aux enfants en idiome breton a trouvé des contradicteurs et je ne doute pas, écrit un inspecteur, qu'elle ne soit cause que beaucoup de cultivateurs n'envoient pas leurs enfants à l'école… »

Mais c'est surtout au XXe siècle que cette revendication s'est développée. En 1913, un militant socialiste et libertaire de Pontivy, Emile Masson, est le premier dans l'enseignement public à qualifier l'interdiction du breton d'« odieuse absurdité ». Avant la dernière guerre, plus de 300 communes adoptent un vœu pour réclamer l'enseignement du breton et plus de 600 le font à nouveau en 1992. En 1967, une pétition d'**Emgleo Breiz** (Fondation culturelle bretonne) avait recueilli 150 000 signatures. Actuellement, selon le dernier sondage de TMO-Régions, près de 80 % des personnes interrogées en Basse-Bretagne sont favorables à l'enseignement au moins facultatif du breton.

—— ◆ ——

Filières bilingues

La première école **Diwan** ne comptait que cinq élèves en 1977 à Lampaul-Ploudalmézeau. Une vingtaine d'années plus tard, Diwan a franchi le cap des 2 000 élèves, répartis entre 25 écoles maternelles et primaires et trois établissements secondaires. Vingt ans d'enthousiasme, de doute et d'espoir, selon la formule de J.-C. Pérazzi. Dès le début, Diwan a rencontré bien des difficultés. Bien que bénéficiant d'un vaste mouvement de solidarité, les écoles ont été mises en redressement judiciaire en 1993. Parfois contestées, elles reçoivent aujourd'hui l'aide des collectivités locales, de l'Etat et de l'Europe. Diwan a prévu d'installer son lycée à Carhaix à la rentrée 1999 dans le cadre d'un technopôle culturel. Des filières bilingues existent aussi dans l'enseignement public depuis 1983 (1 600 élèves sur 29 sites) et plus récemment dans le privé (1 100 élèves). La progression d'ensemble de ces filières était de 20 % à la rentrée 1998. Mais il manque des instituteurs pour faire face à l'augmentation des effectifs.

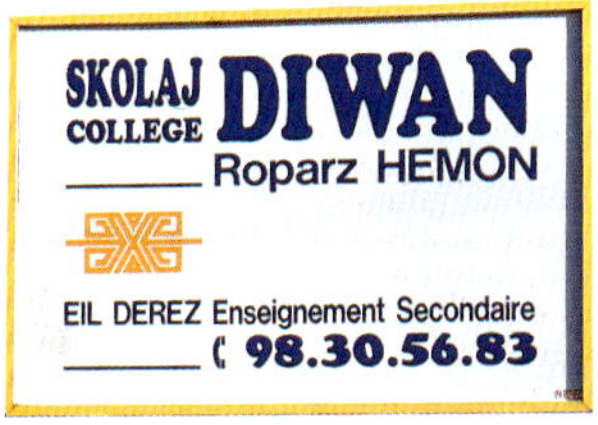

Le premier collège Diwan, au Relecq-Kerhuon.
Ph. M. Thersiquel.

Les élèves du collège Diwan, au Relecq-Kerhuon.
Ph. M. Thersiquel.

Les écoles **Diwan** (= Le germe) se sont créées entre-temps, avec l'idée non seulement d'apprendre le breton aux enfants qui ne le savent plus, mais aussi d'assurer leur éducation en breton. Elles ont fait le choix de pratiquer l'enseignement « par immersion » : au cours des premières années, le breton seul est en usage dans l'école. Dès le primaire, les cours d'histoire, de sciences naturelles et de mathématiques sont assurés en breton. Des classes bilingues se sont aussi organisées dans le public et dans le privé.

les raisons *du* changement

Puisque le breton est beaucoup moins parlé aujourd'hui qu'il ne l'était, comment peut-on expliquer le changement qui s'est produit ? Faut-il considérer l'interdiction du breton à l'école, de 1897 à 1951, comme la raison principale de la diminution de la pratique de la langue ?

Il est certain que c'est à l'école que des générations de petits bretonnants ont appris le français. Pendant longtemps pourtant, l'effet école n'a pas joué, et les usages linguistiques restaient inchangés au dehors. A propos des enfants, le recteur de Locquénolé observe en 1902 que « chez eux et dans leurs jeux, la plupart du temps ils ne parlent que breton ». En réalité, il faut attendre quelque soixante-dix ans après l'adoption des lois de Jules Ferry sur l'obligation scolaire pour que les familles fassent, vers 1950, le choix d'élever leurs enfants en français. Si les lois scolaires ont eu un effet sur l'abandon progressif du breton, il est intervenu à retardement, deux à trois générations plus tard. L'école a bien été le moyen sans lequel la connaissance, puis la pratique de la langue nationale n'auraient pas pu se généraliser. Mais il n'a pas été le seul, et bien d'autres facteurs ont joué.

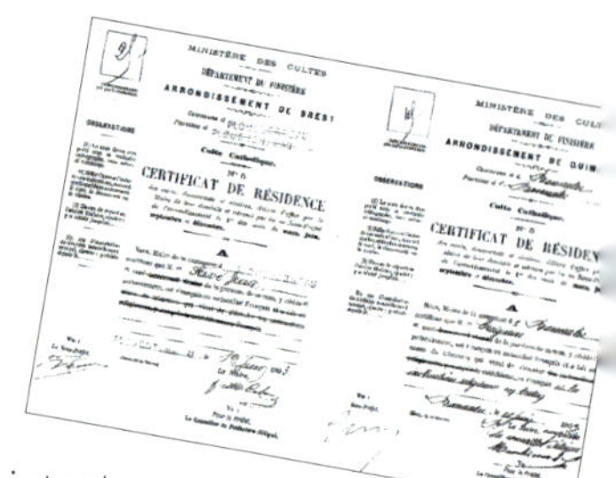
MINISTÈRE DES CULTES
DÉPARTEMENT DU FINISTÈRE
ARRONDISSEMENT DE BREST
Culte Catholique
CERTIFICAT DE RÉSIDENCE

MINISTÈRE DES CULTES
DÉPARTEMENT DU FINISTÈRE
ARRONDISSEMENT DE QUIM[illegible]
Culte Catholique
CERTIFICAT DE RÉSIDEN[illegible]

Ci-contre : *L'interdiction du breton en 1902 : les maires avaient pour obligation d'indiquer en quelle langue étaient assurés la prédication et le catéchisme.*

Document : Archives Départementales du Finistère.

L'intervention *du politique*

La politique n'y est pas pour rien. Si l'on remonte au duché de Bretagne, le dernier duc bretonnant a été Alain IV Fergant au début du XIIe siècle. Depuis la Révolution française en tout cas, l'Etat est accusé d'avoir tout fait pour éliminer les langues régionales. Il est vrai qu'en 1794, en pleine période de terreur jacobine, Barère s'en prend à « l'idiome bas-breton » et à quelques autres parce qu'ils perpétuent « le règne du fanatisme et de la superstition ». L'abbé Grégoire présente à la Convention son « rapport sur la nécessité et les moyens d'anéantir les patois et d'universaliser l'usage de la langue française ». Depuis, il est généralement admis que l'unité nationale implique l'unification linguistique, puisque « la langue est partie intégrante de la nation moderne » (F. Brunot).

Emile Combes, président du Conseil en 1902, s'en prend au clergé breton parce qu'il est convaincu « que le breton se prête moins que le français à

exprimer des idées nouvelles, ces vilaines et détestables idées républicaines, dont la langue française est l'admirable messagère ».

Document : Bibliothèque Municipale de Pons.

Un autre temps fort de la lutte contre le breton se passe au tout début du XXe siècle. Le président du Conseil, Emile Combes, qui est aussi ministre de l'Intérieur et des Cultes, veut interdire en 1902 la *prédication en langue bretonne dans les églises de Basse-Bretagne. 127 prêtres sont alors suspendus de traitement pour * « usage abusif du breton ». Bien que largement approuvée à la Chambre par une majorité de députés, la décision du gouvernement est ressentie comme vexatoire : la plupart des maires refusent de signer les documents certifiant que les instructions religieuses sont dispensées en français. Entre les deux guerres, en 1925, c'est un ministre de l'Instruction publique, Anatole de Monzie, qui proclame que « pour l'unité linguistique de la France, la langue bretonne doit disparaître ».

Portrait de l'abbé Grégoire. Détail d'une étude de Louis David.

Dans son rapport de 1794 sur « la nécessité et les moyens d'anéantir les patois », il pronostique que « sans pouvoir assigner l'époque fixe à laquelle ces idiomes auront entièrement disparu, on peut augurer qu'elle est prochaine ».

Musée des Beaux-Arts de Besançon. Ph. C. Choffet.

De la part des pouvoirs publics, il y a pourtant eu dualité de politique linguistique. Puisque la plus grande partie de la population ne parlait que le breton, l'Etat ou ses représentants locaux étaient bien obligés d'en tenir compte. On l'a oublié, mais c'est la Révolution française elle-même qui prend l'initiative de faire traduire en breton les décrets de la Constituante, et la traduction des textes révolutionnaires va se poursuivre jusqu'au début de 1796. En 1833, le préfet du Finistère contribue à la diffusion de **Mignon al Labourer** (= L'Ami du cultivateur), le tout premier périodique bilingue. En 1896, le sous-préfet de Lorient rapporte qu'aux conseils de révision, « les agents du gouvernement sont obligés d'interroger les conscrits dans la langue bretonne ». L'administration elle-même recrute des agents bretonnants.

Le développement *des échanges*

Les villes ont toujours été des points de fixation en faveur du français. On y parlait le breton, mais le français y est connu depuis très longtemps. On en a un témoignage pour Quimper dès 1616 : « Bien que le parler habituel soit le breton, la plupart néanmoins en ville savent le français et en usent. Il est de coutume de prêcher dans les deux langues. » Dubuisson-Aubenay, voyageant en Bretagne en 1636, écrit à propos de Pontivy qu'on y parle la langue bretonne « première » et la française « deuxième », et qu'à Vannes tout le monde parle le français, y compris les servantes. Selon l'expression de l'historien Yves Le Gallo, Brest est un « îlot linguistique » francophone au début du XIXe siècle.

Pour la propagation du français, le rayonnement s'est toujours fait du centre vers la périphérie. C'est vrai pour les grandes villes comme Brest, Quimper ou Lorient. Entre les deux guerres, c'est dans les chefs-lieux de canton que l'on abandonne le plus vite

Les guerres

La conscription, obligatoire depuis 1872, a mis tous les bretonnants de sexe masculin en contact avec des francophones : ils revenaient dans leur commune avec une certaine connaissance du français. Mais beaucoup ont vécu leur incorporation aussi douloureusement que d'autres ont fréquenté l'école : « J'en ai voulu au breton pendant mon service militaire », raconte l'un d'entre eux. En 14-18, les soldats originaires de Basse-Bretagne continuent de s'exprimer en breton sur le front, mais ils vont apprendre de plus en plus de français. En général, les guerres sont vécues comme des moments de perturbation linguistique, y compris à l'arrière. Du fait de l'exode des Lorientais et des Brestois pendant la dernière guerre, l'on commence à dire la « messe des réfugiés » en français, dans les paroisses rurales comme Langonnet ou Melrand, où l'on n'entendait jusque-là que le breton.

De jeunes réfugiés brestois, des familles Lallemand et Amaury, sont accueillis à Saint-Goazec, à la fin de la dernière guerre, chez Jean Calvez.

Ph. Association Bugale, à Saint-Goazec.

Les guerres ont de profondes conséquences sur les usages linguistiques. La guerre de 14-18 est un moment clé de l'évolution sociolinguistique de la Basse-Bretagne. Marc Bloch porte un regard accablant sur les soldats bretons de 14-18 : « Les hommes de l'intérieur des terres nous parurent de bien médiocres guerriers. Vieillis avant l'âge, ils semblent déprimés par la misère et l'alcool. Leur ignorance de la langue ajoutait encore à leur abrutissement. »

Collection Historial de la Grande Guerre, Perrone (Somme).

Valentin, le conscrit breton. Le service militaire, devient obligatoire en 1872, s'effectue en général en dehors de la région d'origine. Il dure un an pour les uns, cinq ans pour les autres. A partir de 1905, la durée est la même pour tous.
Ph. Hamonic.

la *prédication en breton. Puis, vers 1946, on commence à parler français au bourg, alors qu'on continue de parler breton à la campagne. Le français s'impose d'autant plus facilement dans le cadre des échanges entre la ville et la campagne environnante que la population urbaine augmente. Si à Milizac la population la plus proche de Brest est à ce moment-là considérée comme la moins bretonnante de la commune, c'est que « ces gens-là ravitaillent la ville en lait, légumes, etc, à raison de deux, trois fois par semaine ».

A compter des années 1900, un autre phénomène va prendre de l'ampleur : le développement des stations balnéaires et du tourisme de masse. Or le touriste impose sa langue en voyageant. Selon l'écrivain Yeun ar Gow, lorsque des estivants se présentaient chez son père à Pleyben pour louer une voiture, « il leur fallait à chaque fois un chauffeur sachant le français ». Dès 1902, le clergé tient compte « pendant la saison des bains » de la présence des « étrangers » en été à Plougasnou, Penmarc'h et ailleurs : on dit pour eux « les messes des touristes », à prédication bilingue. Le phénomène s'accentue après 1936, avec l'instauration des congés payés. Entre 1955 et 1975, on observe un triplement du nombre de touristes séjournant en Bretagne. Pour Michel Le Bris, ce sont « les voyageurs de commerce de la modernité ». Non seulement les commerçants, mais tous ceux qui vivent à leur contact ne peuvent éviter d'adopter leur parler.

Les médias jouent évidemment un rôle capital pour la diffusion de l'information. Or l'information parle peu le breton. Dans le domaine de l'audiovisuel, même s'il existe depuis un demi-siècle des émissions en breton à la *radio, puis à la *télévision, il est certain que la plus grande partie des programmes que l'on peut capter en Basse-Bretagne comme ailleurs est depuis le début en langue française. C'est aussi en français que se publie l'essentiel de la *presse écrite. Avant 1914, et même après, de nom-

Mouvements de résistance

Depuis plus d'un siècle, les mouvements bretons tentent de s'opposer à des changements qui, à leurs yeux, ne sont pas inéluctables et agissent pour la promotion et pour une meilleure reconnaissance de la langue bretonne. Le mouvement culturel apparaît comme une nébuleuse d'associations. Les militants se regroupent selon leurs affinités : conservateurs ou progressistes, nationalistes ou régionalistes, catholiques ou laïques…

La mobilisation s'est beaucoup développée depuis une trentaine d'années. Après mai 1968, le mouvement **Galv** (= L'appel) organise des marches et des meetings. A partir de 1983, **Stourm ar Brezhoneg** (= Combat pour la Langue bretonne) multiplie les actions de barbouillage des panneaux de signalisation routière. **Diwan** a souvent manifesté pour réclamer la solution de ses problèmes. A la fin des années 1990, **Evit Karta Europa** (= Pour la Charte européenne) fait pression pour que la France signe la Charte des langues régionales ou minoritaires.

A gauche : Après mai 1968, Galv organise des meetings et des marches pour réclamer des mesures en faveur de la langue bretonne.

Archives : F. Broudic.

A droite : Manifestation des écoles Diwan à Carhaix en 1999. Depuis le début des années 1990, des manifestations, réunissant parfois plusieurs milliers de personnes, réclament un statut pour les écoles en breton et la signature de la Charte européenne des langues régionales ou minoritaires.

Ph. M. Thersiquel.

Congrès de l'URB à Rostronen en 1907. L'Union Régionaliste Bretonne veut « travailler sans cesse au maintien de la langue bretonne, des costumes nationaux et de la foi ancestrale ».
Collection : Centre de Recherche Bretonne et Celtique (UBO, Brest).

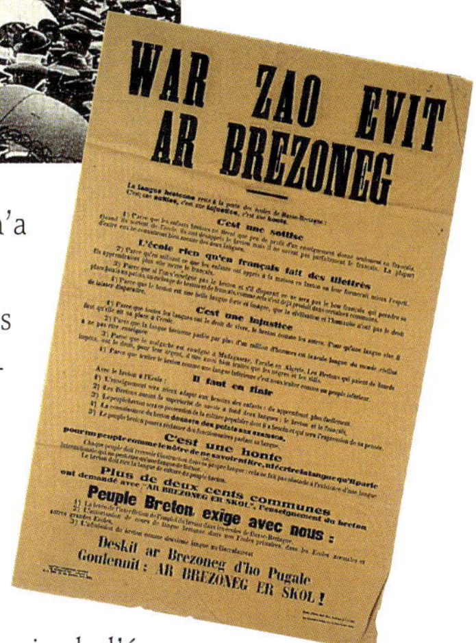

Campagne du mouvement **Ar brezoneg er skol** (= Le breton à l'école) entre les deux guerres en faveur de l'enseignement du breton.
Collection : Centre de Recherche Bretonne et Celtique (UBO, Brest).

breux hebdomadaires publiaient des articles en breton ; mais il n'a jamais existé aucun quotidien en langue bretonne.

C'est donc en raison du développement des échanges de toutes sortes — entre les campagnes et les villes, mais aussi entre la région bretonnante et l'extérieur — que le breton a dû céder devant le français. A partir des années 1950, la Bretagne bretonnante entre de plain-pied dans le monde moderne. Elle s'ouvre radicalement à l'extérieur, vit une véritable révolution économique et culturelle — la plus grande transformation de son histoire, avec le développement extraordinaire de l'agroalimentaire et une intégration toujours plus poussée au sein de l'économie nationale, européenne, mondiale. Le breton ne suffit plus : il faut parler français, et même anglais. Pour ce qui est du changement de langue en Basse-Bretagne, l'économique a eu autant, sinon plus d'importance que l'école et que le politique.

Mais il a fallu aussi pour cela qu'un profond mouvement d'opinion joue dans le même sens. Au début du XXe siècle, les Bretons contestent les mesures répressives d'Emile Combes. A ce moment, seules quelques familles demandent que leurs enfants soient inscrits au catéchisme français et non à celui en breton. Mais dès 1936 le recteur de Baye peut écrire : « On vise, on aspire tant aujourd'hui à l'instruction française. » En 1948, le nouveau curé de Taulé constate « une immense demande de prédication en français ». Après la guerre, non seulement « il devient de mode » d'élever les enfants en français, et souvent les jeunes filles « ne veulent plus parler que le français » : cela fait « plus distingué », cela ne fait pas « arriéré ». Les conditions psychologiques ont été réunies à ce moment-là pour que s'accélère le changement de langue. La pratique du français va se généraliser et se répandre dans toutes les couches de la société. Depuis deux siècles, c'est le principal changement culturel qui soit survenu en Bretagne.

Dans l'administration

On parlait aussi breton devant les tribunaux. Avant la Révolution, les juges avaient obligation en vertu de la réglementation édictée par le parlement de Bretagne lui-même de faire appel à un interprète, y compris lorsqu'ils savaient le breton. Pendant tout le XIXe siècle et bien après, des interprètes font auprès des tribunaux « le serment de traduire fidèlement les discours à transmettre entre ceux qui parlent des langages différents ». Au début du XIXe siècle, 70 % des inculpés et des témoins font ainsi appel à l'interprète, et plus de la moitié d'entre eux le font toujours vers 1890.

L'administration elle aussi employait des bretonnants. D'après le préfet des Côtes-du-Nord, en 1896 la situation en est « à ce point qu'il est nécessaire de choisir dans toutes les administrations des agents parlant le dialecte local afin que ceux-ci puissent exercer utilement leurs fonctions. C'est ainsi, écrit-il, que les magistrats, les officiers ministériels, les agents du fisc, des Ponts & Chaussées et de la vicinalité sont dans l'obligation de se servir de la langue bretonne pour accomplir les devoirs de leur charge ».

« Parlez breton à vos enfants ». Affiche de René-Yves Creston, 1928.

Collection : Centre de Recherche Bretonne et Celtique (UBO, Brest).

Tradition et

Ouvrières d'usine en coiffe chezPaulet à Douarnenez, vers 1950. En 1946, Quimperlé possède quatre conserveries, une usine de machines agricoles et une papeterie. « Le breton serait peut-être la langue dominante dans les quatre premières où travaillent surtout des femmes portant encore le costume traditionnel. Dans les deux autres, le français est parlé couramment. »

Ph. Jos Le Doaré.

odernité

ácolte manuelle de pommes de
rre à l'Ile de Batz.
: breton est longtemps resté la
ngue d'usage à la campagne.
Plougoulm, en 1946,
les paysans entre eux parlent
:clusivement le breton »
ı. M. Thersiquel.

Récolte mécanisée de pommes de terre à l'Ile de Batz.
« Quand on parle des nouveaux systèmes de culture, tout se traite en français, pour la bonne raison que là-dessus il n'y a rien d'écrit en breton. » Un enquêteur à Briec, dès 1946.
Ph. M. Thersiquel.

Usine de conserves de poissons en 1997.
Ph. M. Thersiquel.

r producteur européen de volailles,
ulin.
ersiquel.

Bigoudènes en coiffe.
Ph. M. Thersiquel.

la littérature

Le plus ancien texte littéraire connu est un assez joli poème d'amour en *vieux-breton :

An guen heguen am louenas	*La blanche souriante m'a réjoui*
An hegarat an lacat glas...	*L'aimable à l'œil bleu...*
Mar ham guorant va karantit	*Si me garantit mon amour*
Da vout in nos oh he costit	*D'être la nuit à son côté*
Uam garet ne pret - (ret)-	*Femme aimée, à tout instant...*

Il s'agit d'un fragment très court d'un chant ou d'un lai remontant peut-être au XIe siècle, et qui fut recopié par le scribe Ivonet Omnès vers 1350. Il a la particularité de comporter des rimes internes (par exemple les **ant** du 3e vers ou les **os** du 4e vers). Ce type de versification, attesté en breton jusque vers 1650, ne se rencontre par ailleurs que chez les poètes gallois.

En fait, toute la littérature bretonne de l'époque du vieux-breton est perdue. Mais s'il ne subsiste aucun manuscrit, on en retrouve la substance dans les autres littératures européennes du XIe au XIIIe siècle. Les lais comme celui du « Laustic » (du breton **eostig**, rossignol) sont d'origine armoricaine. Ce sont les poètes bretons eux-mêmes qui ont répandu la Matière de Bretagne dans toute l'Europe. Par contre, les Vies de saints qui ont été conservées sont en latin.

L'auteur du « Barzaz Breiz », Théodore Hersart de La Villemarqué (1815-1895), par le peintre Alexandre Le Bihan.

Ph. Musée Départemental Breton, Quimper, collection particulière.

On commence à disposer de textes assez longs en *moyen-breton à partir du XVe siècle. Il s'agit de pièces de théâtre, toutes à caractère religieux, comme la « Passion » ou la « Vie de sainte Barbe ». Le *théâtre populaire breton reste très productif après le XVIIe siècle, mais il n'existe qu'à l'état de manuscrits (plus de deux cents), dont seuls quelques-uns ont été étudiés jusqu'à présent.

La période du XVIe au XVIIIe siècle se caractérise aussi par la prépondérance de la littérature religieuse. Nulle trace ici de préoccupations littéraires et peu d'œuvres originales : c'est parce que les fidèles ne comprenaient que le breton que les livres de dévotion ont été rédigés en cette langue par les clercs dans le seul but de leur édification religieuse. Encore que la langue en soit truffée d'emprunts au français, caractéristiques de ce qu'on appellera plus tard **brezoneg beleg** (= du breton de curé). Mais ces ouvrages ont été des best-sellers : les **Heuryou brezonec ha latin** (= Heures bretonnes et latines) de Charles Le Bris, publiées pour la première fois en 1712, ont été rééditées plusieurs dizaines de fois. Le **Buez ar Saent** (= Vie des saints) de Dom Claude Marigo, dont la première édition date de 1752, fut le premier d'une très longue série. L'abbé Y.V. Perrot en publie une dernière version au début du XXe siècle, et ce n'est que vers 1950 que l'on cessera d'en lire des extraits, lors de la prière du soir en famille.

1

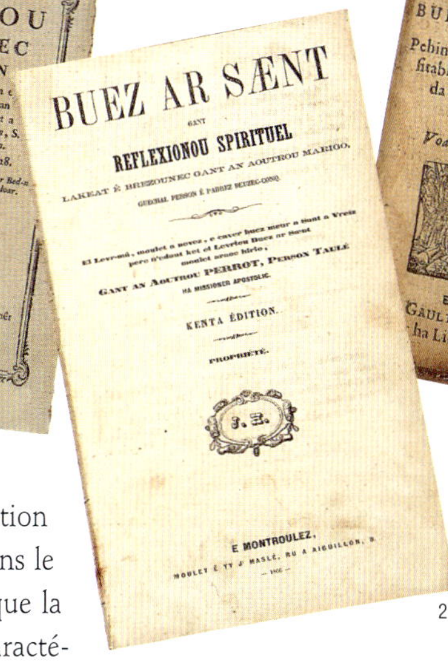

2

3

1 - Un auteur prolixe au XVIIIe siècle : Charles Le Bris a publié une quinzaine d'ouvrages religieux en breton. Ses ***Heuryou brezonec ha latin*** *ont été un gros succès d'édition.*

2 - Pendant deux siècles, la « Vie des saints » — ici une adaptation de celle de Marigo par l'abbé Jacques Perrot — a sans doute été le livre le plus lu en breton.

3 - Un livre de cantiques en breton. En 1641, les habitants d'Ouessant ont appris les cantiques du Père Maunoir en quinze jours, lors d'une mission.

Collection : Centre de Recherche Bretonne et Celtique (UBO, Brest).

Le « Barzaz *Breiz* »

Pour la littérature bretonne, tout change au XIXe siècle. Selon l'expression de J. Le Dû et Y. Le Berre, celui-ci connaît tout d'abord « une véritable explosion du breton écrit » : un millier d'ouvrages, des dizaines d'almanachs, des périodiques... De nouveaux genres sont abordés : la poésie profane, le conte moral, la chanson ainsi que de nouveaux thèmes comme la politique et l'histoire. La littérature religieuse est toujours fortement représentée. Mais la traduction du Nouveau Testament en 1827 par *Le Gonidec est un échec, et il faut attendre 1866 pour que paraisse son Ancien Testament.

L'événement littéraire du XIXe siècle est la parution en 1839 du ***Barzaz Breiz** (= Anthologie poétique de Bretagne) de Théodore Hersart de *La Villemarqué. Pour Donatien Laurent, il s'agit d'une véritable révolution culturelle : « Désormais, en Bretagne, rien ne sera plus comme avant : grâce au **Barzaz Breiz**, une langue de pay-

Roparz Hemon à Dublin, quelques années avant sa mort. Bien que contesté, il a dominé la littérature bretonne du XXe siècle.
Ph. Tudual Huon.

sans et de gueux, si longtemps méprisée et dépréciée, va subitement conquérir honneurs et dignité. » L'ouvrage, qui sera réédité dès 1845 et en 1867, se présente comme une collection de 54 chants recueillis par l'auteur dans la tradition populaire orale de Basse-Bretagne. Le retentissement est considérable.

Il faut bien reconnaître que son succès tient surtout au fait que le livre était bilingue. Ainsi que le précise D. Laurent, « le recueil s'adressait au monde lettré de la capitale : le peuple bretonnant, celui qui parle quotidiennement breton, l'a dans son ensemble ignoré ». Mais si le **Barzaz Breiz** est une œuvre littéraire, c'est que « chaque vers a été retouché, chaque texte repris et corrigé, dans son esprit comme dans son expression ». Dans le **Barzaz Breiz**, La Villemarqué, qui était légitimiste, exalte aussi ce qu'il appelle « le vieil esprit patriotique » des Bretons et que Bernard Tanguy analyse comme un « nationalisme agressif et virulent » à l'encontre des Gaulois, des Francs et des Français. Les prétentions historiques de l'auteur n'ont pas tenu face aux exigences de la critique moderne. Mais aucune autre œuvre de la littérature bretonne n'a suscité jusqu'à aujourd'hui autant de réactions et de commentaires.

Le XXe *siècle*

Deux personnalités solitaires se signalent dans les premières années du XXe siècle. Le premier, Tanguy Malmanche, publie à partir de 1900 des pièces de *théâtre, dont le chef-d'œuvre est **Gurvan, ar marc'hek estrañjour** (= Gurvan, le chevalier étranger), enrichissant les lettres bretonnes « d'un texte d'une densité poétique et d'une intensité dramatique jamais vues ». Le second est le *Vannetais Yann-Ber Calloc'h, fervent catholique et Breton convaincu. Originaire de l'île de Groix, il est tué d'un éclat d'obus près de Saint-Quentin, en 1917. Quelques années plus tard, on publie son recueil **Ar en deulin** (= A genoux), contenant ses poèmes de guerre, mais aussi le plus connu de ses textes : **Me zo ganet é kreiz ar mor...** (= Je suis né au milieu de la mer...).

Le premier véritable mouvement littéraire de langue bretonne naît en 1925, autour de la revue **Gwalarn** (= Nord-Ouest). L'initiateur en est Louis-Paul Némo qui, à compter de ce moment, n'écrira plus que sous le pseudonyme de Roparz *Hemon. Dans un « premier et dernier manifeste en langue française », il part du postulat selon lequel « il n'est pas de renaissance nationale sans renaissance linguistique ». **Gwalarn** va donc s'adresser à « l'élite bretonnante » avec l'idée de lui présenter « des travaux d'une irréprochable tenue littéraire [en] fermant la porte aux patois (même décorés du nom de *dialectes) ». Le programme est tracé, et la revue s'y tiendra jusqu'à sa disparition en 1944. Après la guerre, R. Hemon poursuivra son œuvre linguistique et littéraire depuis Dublin où il s'était exilé, et ce jusqu'à sa mort en 1978.

Jakez Riou, dessiné par P. Péron en 1934, deux ans avant sa mort. L'un des plus attachants parmi les écrivains de langue bretonne du XXe siècle.
Document : Emgleo Breiz.

Certains, comme L. Raoul, font de lui « le meilleur et le plus important » des écrivains bretons du XXe siècle, appréciant son projet littéraire, son inspiration, son abnégation en faveur de la langue qu'il avait apprise et qu'il avait choisie. D'autres insistent à l'inverse sur la sécheresse de son breton et de son style, son parti pris élitiste, ou ses positions nationalistes. Avec 17 pièces de *théâtre, 11 romans, une centaine de contes et de nouvelles, une cinquantaine de poèmes, des chansons, des essais, des traductions, des dictionnaires et autres travaux, R. Hemon est en tout cas l'auteur breton le plus prolixe de tous les temps. Pour F. Favereau, il est « un des seuls contemporains à avoir forgé une œuvre au sens fort du terme ». F. Morvannou émet cependant une réserve : « Il y a mis une passion qui l'a parfois égaré lorsqu'il a fait de la langue un Absolu, et de tout le reste, des contingences. » Après la guerre, nombre d'écrivains ont continué de se réclamer de l'esprit de **Gwalarn**. Regroupés autour des éditions **Al Liamm** (= Le Lien), publiant de nombreuses *revues spécialisées, les têtes de file en sont Ronan Huon et Per Denez.

A gauche : la poétesse Anjela Duval en compagnie des paysans du Vieux-Marché (22).
Ph. R. Laouénan.

Anjela Duval, la poétesse de Traoñ an Dour, dans le Trégor, a été très médiatisée dans les années 70.
Ph. R. Laouénan.

D'autres noms font leur apparition. Anjela Duval par exemple, paysanne le jour, poétesse la nuit, ou Youenn Gwernig, Breton trilingue, écrivant ses premiers poèmes à New York. L'une et l'autre ont connu la notoriété, mais pour des raisons différentes. Anjela Duval, c'est une certaine colère bretonne, en même temps qu'une fidélité au monde rural d'avant la révolution agricole. Y. Gwernig quant à lui a vécu la ville, humé la littérature américaine, et ses poèmes sont devenus chansons.

D'autres enfin, dans un esprit très différent, vont se retrouver autour de la *revue

Brud (= Renommée), puis **Brud Nevez** (= Nouvelle Renommée). Le plus connu d'entre eux — et le plus lu des écrivains bretons — est assurément Pierre-Jakez *Hélias. L'écrivain bigouden n'est pas seulement l'auteur de ce best-seller mondial qu'est *Le Cheval d'orgueil* (1975) et dont la première version parut en feuilleton bilingue dans le journal *Ouest-France*. P.-J. Hélias fut aussi le conteur que l'on sait,

A gauche : Youenn Gwernig, poète trilingue, breton-français-anglais, et chanteur a longtemps vécu à New York, avant de revenir près du Huelgoat.
Ph. J.-M. Roignant.

A droite : Le poète Armand Robin était originaire de Rostrenen. Il est l'auteur de « Poésie non traduite » et de « Ma vie sans moi ». Bretonnant, il n'a écrit qu'en français. Il a traduit des poèmes du breton et de nombreuses autres langues.
Ph. Cl. Roland-Manuel, collection : Jean Bescond.

auteur de *théâtre, homme de radio et de télévision, conférencier, romancier, et surtout poète. La poésie était le genre qu'il préférait lui-même, dans lequel il considérait qu'il s'exprimait le mieux. Hélias se considérait écrivain de langue bretonne comme de langue française, « parfaitement bilingue et biculturé, doublement acclimaté ». Le breton le nourrissait « dehors et dedans ».

Les classiques

Les « classiques » de la littérature bretonne sont des œuvres de la fin du XIXe et du XXe siècle. On peut citer :

• **Emgann Kergidu** (= La Bataille de Kerguidu) de Lan Inisan : un roman antirépublicain, mais un talent extraordinaire de conteur, et le seul ouvrage profane en prose qui ait connu en langue bretonne une diffusion de masse.

• **Bilzig, de Fañch al Lae**, est un très beau roman de l'enfance maritime.

• **Geotenn ar Werhez** (= L'Herbe de la Vierge) : ce livre de Jakez Riou décrit avec une grande justesse de ton la maladie, le suicide, les meurtres de simples gens de la campagne, qui n'ont pas tout pour être heureux.

• Avec **Itron Varia Garmez** (= Notre-Dame Bigoudène), Y. Drezen a produit un roman entremêlé où l'on retrouve toutes les contradictions sociales en œuvre à Pont-l'Abbé au moment de la crise de 1933.

• Dans **An tri Aotrou** (= Les trois Seigneurs), un ancien prédicateur de mission, le Père Médar-Dourmap, analyse avec une très grande finesse toutes les pesanteurs qui pèsent sur la société léonarde.

*Gravure sur bois de R. Y. Creston pour le roman de Youenn Drezen « **Itron Varia Garmez** » (= Notre-Dame-Bigoudène). Première édition, 1941.*
Bibliothèque du Centre de Recherche Bretonne et Celtique (UBO, Brest).

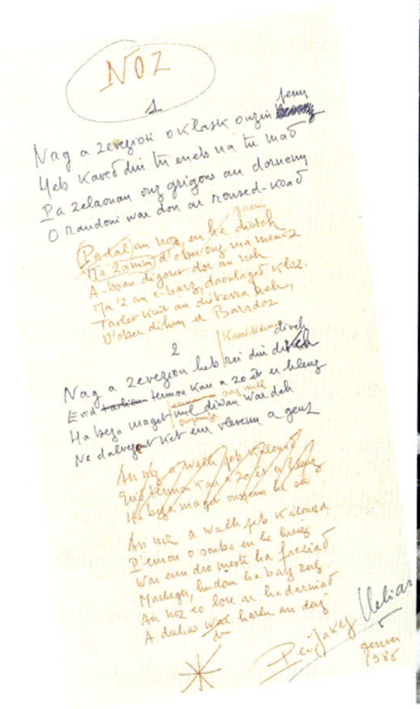

Un écrivain breton mondialement connu : Per-Jakez Hélias en 1964. De retour à Quimper, il commence cette année-là à écrire ses chroniques bilingues dans « Ouest France ».

Collection : Centre de Recherche Bretonne et Celtique (UBO, Brest).

Manuscrit breton d'un poème de Per-Jakez Hélias.

Document : Centre de Recherche Bretonne et Celtique (UBO, Brest).

L'auteur de **Maner kuz** (= Manoir secret) et de **Ar mên du** (= La Pierre noire) n'est pas que le témoin de l'évolution de la société paysanne en pays bigouden : pour T. Glon, « il y aussi une modernité de Pierre-Jakez Hélias ». Par la parole et par l'écrit, il a contribué authentiquement à la mise en valeur de la langue bretonne. Par l'attention qu'il a portée à la culture populaire, par son inspiration et par l'audience qu'il a recueillie, il lui a donné une autre dimension.

Au XXe siècle, R. Hemon et P.-J. Hélias sont deux visions successives et opposées de la langue bretonne, de la Bretagne et de la littérature.

La nouvelle génération

De jeunes auteurs ont publié leurs premiers livres en breton depuis les années 1980. Les noms à retenir, dans le domaine du roman et surtout celui de la nouvelle :

• Yann Gerven pour ses nouvelles mi-réalistes mi-farfelues. La thématique est toujours imprévisible, le style bien enlevé, le breton beaucoup plus proche de la langue parlée.

• Tudual Huon : ancré dans les dures réalités du présent, avec une certaine dose d'ironie.

• Mikael Madeg : auteur prolifique et parfois provocateur, dubitatif aussi, avec une tonalité policière et une pointe d'érotisme.

• Goulc'han Kervella : ses nouvelles traitent avec finesse de maladies mentales. Bien connu par ailleurs comme l'auteur et le metteur en scène de pièces jouées par la troupe « Ar Vro Bagan ».

chants *et* chansons

« Il n'est pas de ferme, il n'est pas de maison de marin, depuis les Glénan jusqu'aux Sept-Iles, où ne se chante, le soir, à la veillée, la belle complainte de Ker Is. » Ce que souligne bien ce propos d'Anatole Le Braz, c'est que les Bretons sont un peuple de chanteurs. Ce n'est pourtant pas avant 1820 que l'on commence à s'intéresser aux chants en langue bretonne.

Le premier à le faire fut un ancien capitaine des vaisseaux du roi, Aymar de Blois, qui résidait à Ploujean, près de Morlaix. Entendant des femmes, près de son manoir, chanter une longue ballade en breton, il en note les paroles et la musique, et se rend compte rapidement que la chanson relate un événement survenu deux cent cinquante ans plus tôt, le mariage en 1575 de Marie de Keroulas avec un seigneur de Landeleau. Il s'agissait de **Pennherez Keroulaz** (= L'héritière de Keroulaz), dont il publie aussitôt le texte accompagné d'une traduction et d'une étude détaillée.

Portrait de F.-M. Luzel (1821-1895), par lui-même. « Je crois que je suis là dans mon véritable rôle, celui de chercheur infatigable et consciencieux et de collecteur de matériaux pour les savants qui les classeront et commenteront plus tard... » Lettre à Renan, 1871.

De gauche à droite : Charles Rolland, le barde républicain de Guerlesquin ; l'Américaine Mme Mosher ; la conteuse Marharid Fulup ; l'écrivain Anatole Le Braz, et la fille de la conteuse Barba Tassel. Photo prise devant la maison de F.-M. Luzel, à Plouaret, en 1906.

Documents : Abbaye de Landévennec.

L'œuvre *de Luzel*

Le mouvement est lancé. C'est dans ce contexte que T. Hersart de *La Villemarqué entreprend lui-même, à partir de 1833, de parcourir d'abord la Cornouaille, puis le Léon et le Trégor, à la recherche de chansons en langue bretonne. La parution en 1839 du ***Barzaz Breiz** le fait connaître dans toute l'Europe. Mais son projet était de faire œuvre littéraire et historique et de prouver l'antériorité de la poésie armoricaine sur celle des autres nations européennes. Conformément aux idées en vigueur à

Marie Guillermou, originaire de Quimperlé, dite Mari Kastellin, ne savait pas lire. Elle vendait des chansons sur feuilles volantes lors des pardons, et pour mieux les vendre, les chantait en public.

Collection : Conservatoire Régional de la Carte Postale de Baud (Cartopole).

l'époque, il avait donc « restauré » le texte des chansons avant de les publier, pour avoir, écrit-il lui-même « des textes aussi complets et aussi purs que possible ».

Progressivement le doute s'installe sur l'authenticité des chants publiés par La Villemarqué. La querelle du **Barzaz Breiz** éclate en 1867 lorsque Le Men, archiviste du Finistère, l'accuse de faux : « jouez au barde, à l'archibarde ou même au druide si cela vous amuse, mais n'essayez pas de fausser l'histoire par vos inventions ». Jamais La Villemarqué ne consentit à répondre à ses détracteurs de son vivant. Il faudra attendre 1964 pour qu'un chercheur du CNRS, Donatien Laurent, retrouve ses carnets d'enquête dans un sac en toile conservé au manoir de Keransquer, à Nizon. Cette découverte lui a permis tout d'abord d'affirmer que le jeune La Villemarqué comprenait et parlait bien le breton (ce dont on avait parfois douté) et qu'il avait bien été lui-même le collecteur des chansons qu'il avait éditées, mais aussi de confirmer qu'il « fut d'abord un réfecteur ». Si le **Barzaz Breiz** apparaît désormais comme une œuvre littéraire, les originaux existent et paraissent même aux yeux de D. Laurent « très supérieurs » à ceux que La Villemarqué avait fait connaître.

Se démarquant de son prédécesseur et s'appuyant sur de nouvelles méthodes scientifiques, François-Marie Luzel connaît à son tour une certaine notoriété, lorsqu'il entreprend à partir de 1867 de publier le résultat de ses propres recherches : ce sont d'abord les **Gwerziou Breiz-Izel**, puis les **Soniou** (500 chants au total). Luzel a, en outre, collecté une centaine de pièces de théâtre, des légendes et des contes (411 en tout) : c'est assurément le plus grand collectage de littérature populaire qui ait jamais eu lieu en Bretagne. Mais s'il a retranscrit, il n'a pas réécrit ni transformé le résultat de ses collectes : sur ce plan, Luzel est en quelque sorte l'antithèse de La Villemarqué. Républicain, il aime la langue bretonne, mais ne rejette pas le français.

Son œuvre apparaît comme une contribution majeure à l'histoire littéraire et scientifique de notre région.

Avant que les chants de la tradition orale ne cessent de se transmettre, les collecteurs et les ethnologues ont pu les enregistrer sur bandes magnétiques. L'association **Dastum** (= Collecter) conserve aujourd'hui des milliers de ces enregistrements dans sa magnétothèque.

Le succès *des festou-noz*

Alors que les chants de la tradition orale, anonymes et souvent très anciens, sont transmis de mémoire de génération en génération, les *chansons sur feuilles volantes, déjà connues à Londres ou à Paris dès le XVIe siècle, font leur apparition en Basse-Bretagne au XIXe siècle surtout. Des milliers en ont été imprimées en breton. Elles parlent de crimes et d'assassinats, de naufrages, parfois de politique. Le départ des soldats pour l'armée ou pour la guerre est un grand classique du genre. Les auteurs sont le plus souvent des gens de condition modeste, tisserands, paysans, chiffonniers. C'est ainsi que nous sont parvenus les noms de ceux que D. Giraudon appelle les chanteurs-chansonniers ou les bardes-nomades : Iann ar Gwenn qui connut un succès étonnant dans le Trégor, le barde anticlérical de Guerlesquin Charles Rolland, Iann ar Minous…

Les Bretons ne sont pas seulement chanteurs : ils sont danseurs aussi, même si cela déplaisait au clergé. Le chant à danser a cependant failli disparaître. Les soirées spontanées d'après les grands travaux devenaient rares. C'est dans les années 1950 que Loeiz Roparz, un enseignant quimpérois originaire de Poullaouen, trouve le moyen de relancer le **fest-noz** (= fête de nuit) et le **kan-ha-diskan** (= chant et déchant — une forme de chant alterné). Le fest-noz nouvelle formule est annoncé à l'avance et se déroule en salle : les chanteurs se placent sur un podium et utilisent un micro.

Les festou-noz ont connu un succès extraordinaire. Les sonneurs de couple (biniou-bombarde) et des groupes musicaux comme **Diaouled ar Menez** (= Les

A gauche :
Trois générations de ***kan-ha-diskan*** *:*
Eugénie, l'une des sœurs Goadec, Louise Ebrel, sa fille et Yann-Fañch Kemener, à Quimper à l'occasion des vingt-cinq ans de chanson de ce dernier, en 1997.
Ph. J.-M. Roignant.

A droite :
Fest-noz *à Poullaouen en 1998. C'est à Poullaouen que Loeiz Ropars a relancé le* ***fest-noz*** *en 1957.*
Ph. J.-M. Roignant.

A gauche :
Erik Marchand et Manu Kerjean : le premier a beaucoup fréquenté le second pour s'imprégner de la tradition orale.
Ph. M. Thersiquel.

A droite :
Les stars du **fest-noz** *: les frères Morvan, de Saint-Nicodème, sont réservés plus d'un an à l'avance…*
Ph. J.-M. Roignant.

Diables de la Montagne) et plus tard **Ar re yaouank** (= Les jeunes) y ont fortement contribué. Mais aucun bon fest-noz ne peut se dérouler sans la présence de chanteurs. C'est ce qui a fait la notoriété des sœurs Goadec (qui se déplacèrent jusqu'à l'Olympia…), des frères Morvan (qui ont fêté leurs quarante ans de chanson en 1998), des **Trouzerien mod-koh** (les Faiseurs de bruit à l'ancienne) dans le *Vannetais. Tous ceux-là chantent en breton, quelquefois même de nouvelles chansons de leur composition. De nouveaux chanteurs se mêlent aux plus anciens : Yann-Fañch Kemener, Marcel Guilloux, Erik Marchand, Manuel Kerjean…

—— ◆ ——

Contes et proverbes

Les Bretons sont aussi un peuple de conteurs. C'est François-Marie Luzel qui, le premier, a entrepris dans la seconde moitié du XIXe siècle ce que Françoise Morvan considère à juste titre comme « une œuvre d'une ampleur peu commune » : collecter méthodiquement les contes et légendes populaires, faisant pour la Bretagne « ce que les frères Grimm ont fait pour l'Allemagne ». Il rencontre notamment des conteuses dont le nom a ainsi été conservé : Marharid Fulup à Pluzunet, Barba Tassel à Plouaret… L'édition complète des contes de Luzel, dont les manuscrits sont conservés à la Bibliothèque municipale de Rennes, est en cours. Anatole Le Braz, l'abbé Cadic et bien d'autres ont eux aussi effectué des collectes, si bien que l'on possède aujourd'hui un patrimoine de plusieurs centaines de contes : « un univers fascinant », pour reprendre l'expression de Fañch Postic.

Il faut aussi mentionner les proverbes bien connus dans le monde rural surtout et qui voudraient imposer leur vérité avec l'évidence d'une loi non écrite :

O vond d'ar fest c'hwi a gano
O tond en-dro c'hwi a ouelo.
En allant à la fête vous chanterez
Au retour vous pleurerez.

—— ◆ ——

Alan Stivell en concert à Spézet, lors de la « Fête nationale » de la langue bretonne, en 1994.
Ph. J.-M. Roignant.

Alan *Stivell*

Et vint Alan Stivell. Son premier 33 tours sort en 1971. Vont suivre les tournées bretonnes, à l'Olympia, à l'étranger. Partout sa harpe celtique fait danser des milliers de spectateurs. On applaudit **Pop plinn** mais aussi **Tri martolod** (= Trois marins) ou sa Suite sud-armoricaine. Car Stivell préfère chanter en breton, compose même de nouvelles chansons à texte comme **Brezhoneg 'raok** (= La langue bretonne d'abord). Le déclic, en tout cas, a lieu. C'est, après Mai 68, la véritable explosion de la chanson et de la musique bretonnes, avec Gilles Servat, Glenmor, les Tri Yann, Kristen Noguès et beaucoup d'autres.

L'effet d'optique est cependant trompeur, en partie : tous les chanteurs « bretons » n'interprètent pas que des chansons en breton, loin de là, et moins de 20 % d'entre eux sont eux-mêmes bretonnants. Signe des temps : Matmatah, la révélation de l'année 1998, n'a guère de chansons en breton à son répertoire. Quant au public — surtout les jeunes — il comprend et parle peu la langue. Le succès de la chanson bretonne est, à bien des égards, paradoxal.

Car à la fin du XXe siècle, elle n'en finit pas de séduire. Les interprètes recherchent et explorent dans de multiples directions. Stivell s'est ouvert à la « world music ». Y.-F. Kemener et E. Marchand continuent d'interpréter les mélodies et les chants traditionnels : l'un se fait accompagner subtilement au piano par Didier Squiban ; l'autre bénéficie de la luxuriance du Taraf roumain de Caransebes. Deux voix apparaissent particulièrement prometteuses. Denez Prigent innove à tous points de vue, composant lui-même des textes angoissants mais pertinents, tout en inventant une musique des extrêmes. Quant à Annie Ebrel, qu'elle chante seule, en groupe, accompagnée de la contrebasse de Riccardo del Fra, ou en « kan ha diskan », elle interprète ses textes avec une rare force d'intensité et d'émotion.

Annie Ebrel en concert en 1998 : l'une des plus belles voix de femmes du moment.

Ph. J.-M. Roignant.

La chanteuse et harpiste Kristen Nogues est considérée comme l'un des meilleurs compositeurs de Bretagne aujourd'hui.

Ph. J.-M. Roignant.

Le public au festival des Vieilles Charrues, à Carhaix, en 1998.

Ph. J.-M. Roignant.

culture *et* vie quotidienne

« A quoi ça sert de parler le breton ? » Cette question, souvent posée, pourrait faire croire qu'il est superflu de le savoir. Il est vrai qu'on le parle peu au travail, presque jamais à la banque. On le parle plus couramment dans les communes rurales qu'on ne le fait en ville. Quand on l'entend parler, c'est plus dans les petits commerces du bourg ou les cafés de campagne qu'au supermarché. Ceux qui le savent s'expriment spontanément en breton dans leur vie quotidienne. Ceux qui l'ont appris (à l'école, dans les cours du soir ou dans les stages, ou encore par correspondance) sont beaucoup plus volontaristes.

Ci-dessous à gauche : Guillaume Roué, l'un des leaders du lobby porcin, interviewé en breton en 1998, devant son exploitation, pour l'émission « Du-mañ Du-se» sur France 3 Ouest.
Document France 3 Ouest.

La vie culturelle de langue bretonne est activement soutenue par la Région. Il n'y a pas en effet que la chanson. Dans le domaine de l'édition par exemple, il se publie actuellement 50 à 60 livres par an — soit en moyenne un livre nouveau ou une réédition par semaine — dont les tirages varient le plus souvent entre 300 et un millier d'exemplaires. Il s'agit essentiellement d'ouvrages à caractère littéraire. Il existe par ailleurs une dizaine de *revues en langue bretonne, des mensuels ou des bimestriels en général. Aucun ne diffuse cependant à plus d'un millier d'exemplaires.

Ci-dessous à droite : Le chanteur Gilles Servat participe à l'émission en langue bretonne de Loeiz Gwillamot, sur Radio-France-Bretagne-Ouest.
Document : RBO.

L'audio*visuel*

C'est sous l'Occupation qu'ont été diffusées les premières émissions en breton à la *radio. Elles ne sont réellement devenues populaires qu'à la Libération, lorsqu'elles ont été présentées sur Radio-Quimerc'h par deux personnages dont la mémoire

Théâtre en breton à Sainte-Anne-d'Auray, au début du siècle.

Collection : Centre de Recherche Bretonne et Celtique (UBO, Brest).

La représentation de la pièce « Jean Conan », par la troupe Ar Vro Bagan en 1998.

Document : Ar Vro Bagan

populaire a retenu les noms : Jakez Krohen et Gwillou Vihan, les pseudonymes utilisés par Per-Jakez *Hélias et Pierre Trépos. Actuellement le service public diffuse une quinzaine d'heures par semaine sur Radio-France-Bretagne-Ouest. La première radio associative émettant exclusivement en breton — **Radio-Kerne** — a été lancée en 1998 sur le Finistère-Sud.

Le breton a fait modestement son apparition à la *télévision dès 1964, dans le cadre de la fameuse chronique de Charles Le Gall. Ensuite ont été créés en 1971 un premier magazine — **Breiz o veva** (= La Bretagne vivante) — puis en 1982 le premier journal en breton — **An taol-lagad** (= Le coup d'œil). France 3 diffuse chaque semaine en breton près de deux heures d'informations, de débats, de documentaires et de variétés. Jusqu'en 1999, c'est dans le cadre du service public qu'est assurée la

Apprendre le breton

Pourquoi pas ? Mais beaucoup se demandent si ce n'est pas difficile. Assurément pas plus que d'apprendre une autre langue. Il suffit d'en avoir envie, de prendre le temps de le faire et de faire preuve de persévérance. Un contact avec des bretonnants ne peut que faciliter les choses. Il faut cependant être conscient de deux difficultés : la première, c'est qu'il y a des différences plus ou moins grandes entre le breton des uns et celui des autres (c'est toute la question de la *variation) ; la seconde, c'est que tout le monde ne parle plus le breton en Basse-Bretagne et que, du coup, vous n'avez pas absolument besoin de le savoir, pour faire vos courses par exemple (alors que si vous décidez d'aller vivre quelques mois au Portugal, vous apprendrez vite le portugais). Mais savoir le breton, chez nous, est un plus incontestable.

Pour l'étudier, il existe un grand choix de méthodes, de lexiques, dictionnaires et grammaires. Il existe aussi de nombreux cours du soir, stages, cours par correspondance, formations. Vous pouvez inscrire vos enfants dans une classe bilingue pas très loin de chez vous. Dans la plupart des villes (Brest, Quimper, Lorient, Lannion...), on peut se renseigner auprès des centres culturels bretons.

quasi-totalité de la production audiovisuelle en langue bretonne. Une chaîne bretonne, privée et bilingue, devrait être lancée sur le satellite en l'an 2000.

Les Bretons enfin apprécient le *théâtre. Les voyageurs et les écrivains du XIXe siècle parlent abondamment des « représentations dramatiques exécutées par des paysans bas-bretons au milieu d'un champ ou d'une lande ». Au siècle précédent et même avant, ce théâtre avait fait l'objet d'interdictions de la part des tribunaux. Avant la guerre de 14-18, quelques dizaines de troupes présentaient un peu partout des pièces à forte tonalité religieuse ou moralisatrice, mais qui attiraient des milliers de spectateurs par exemple à Sainte-Anne-d'Auray.

« Ar Mestr », la pièce de Naig Rozmor, est l'un des grands succès du théâtre contemporain en breton, également adapté pour la télévision. Elle traitait du statut des fermiers par rapport à leurs propriétaires à partir d'une histoire vécue.

Affiche : Ar Vro Bagan.

Deux troupes symbolisent aujourd'hui le renouveau du théâtre de langue bretonne. **Teatr Penn-ar-bed** (= Le théâtre du Bout du Monde), autour de Rémi Derrien, propose un répertoire de facture plutôt classique, mais aussi des comédies traduites par exemple de Dario Fo, toujours interprétées avec rigueur. Par ailleurs, les créations **d'Ar Vro Bagan** (= La troupe du pays pagan), mises en scène par Goulc'han Kervella, attirent à chaque représentation des centaines de spectateurs. Le répertoire aborde souvent des problèmes de société, comme ce fut le cas par exemple avec **Ar Mestr** (= Le Maître). Le théâtre breton a su trouver son public.

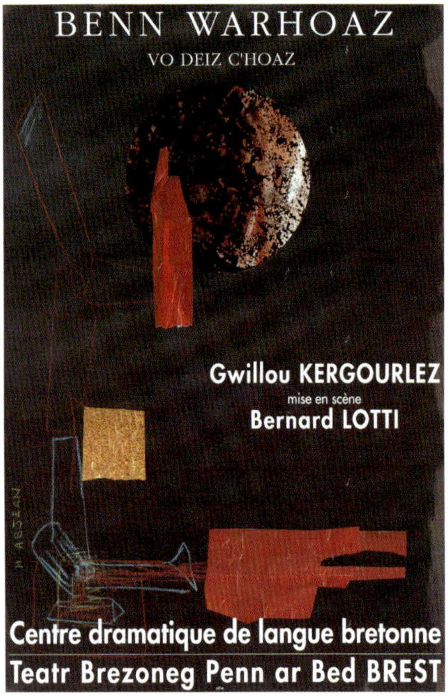

Guillaume Kergoulay — un auteur et comédien, originaire d'Elliant — a écrit plusieurs pièces en breton, dont « Bitekle » et « Benn warhoaz vo deiz c'hoaz » (= Demain, il fera encore jour). Elles ont été interprétées avec succès par le Centre Dramatique de langue bretonne «Treatr Brezoneg Penn ar Bed».

Document : Teatr Brezoneg Penn ar Bed.

l' avenir

Le comportement des Bretons vis-à-vis de leur propre langue n'a pas toujours été ce qu'il est aujourd'hui, et il a beaucoup varié dans le temps :

- pendant longtemps, ils n'ont pas ressenti le besoin de savoir le français.
- au XIXe siècle, ils ont considéré qu'il pouvait leur être utile de le connaître.
- à partir de la Première Guerre mondiale ils ont pensé qu'il était nécessaire qu'ils le sachent ou qu'au moins leurs enfants le sachent bien.
- c'est après la dernière guerre que le breton a été l'objet d'un véritable rejet : on a pensé à ce moment-là qu'il valait mieux élever les enfants en français.

Un demi-siècle plus tard, les opinions ont changé radicalement sur la question. Le fait de ne pas le savoir est-il ressenti comme un manque ? Toujours est-il que la question du breton fait souvent la une de l'actualité. Selon l'enquête TMO-Régions de 1997, 88 % des Bas-Bretons sont d'avis qu'il faut conserver la langue régionale. Pour autant, les questions linguistiques et culturelles ne sont pas la préoccupation principale de la majorité : lors d'un autre sondage effectué en janvier 1998 pour *Ouest-*

Cours de breton à l'école primaire de Saint-Rivoal (29), qui fut l'une des premières classes bilingues de l'enseignement public.
Archives : Hervé Quéré.

Bilinguisme officiel à Plougerneau (29).
Ph. F. Broudic.

France Dimanche, 8 % seulement des personnes interrogées plaçaient « l'identité et la culture régionales » parmi les problèmes à régler en priorité, bien après l'emploi, le développement ou l'environnement.

Ce qui est sûr pourtant, c'est que l'on parlera breton au XXIe siècle — chose inimaginable pour nombre de ses détracteurs. Mais l'avenir est incertain. Les experts qui ont effectué en 1996 l'enquête Euromosaïc sur les 46 langues minoritaires de l'Union européenne ne sont pas très optimistes pour le breton, alors qu'ils le sont bien davantage pour le galicien, le gallois et surtout le catalan. Le breton ne va pas disparaître, mais ceux qui l'utilisent comme moyen habituel de communication sont de moins en moins nombreux. La majorité des bretonnants ayant dépassé la soixantaine, le nombre de locuteurs devrait continuer à baisser au cours des prochaines années. Dans le même temps, de plus en plus de jeunes et de moins jeunes se passionnent pour cette langue et l'apprennent comme langue seconde. Ces *néo-bretonnants ont « le breton plein la tête » et en font parfois leur langue d'usage au quotidien. C'est la langue de leurs espoirs, et il existe aujourd'hui tout un réseau associatif proposant des activités diverses aux bretonnants motivés.

Cette double évolution ne va pas sans susciter bien des questions. Peut-on surmonter la coupure entre les générations ? Comment réapprendre le breton à un maximum de jeunes ? Quelle forme ou quel type de breton veut-on transmettre aux générations futures ? A l'avenir, sera-t-il seulement une langue de culture ? Le symbole de l'identité régionale ? Alors que dans un passé pas si lointain, il apparaissait comme beaucoup moins prestigieux que le français, on affirme aujourd'hui, non sans raison, qu'il n'y a pas de langues mineures. La signature par la France, en mai 1999, de la Charte européenne des langues régionales et minoritaires a été un événement considérable dans le paysage politique et linguistique de notre pays. Tout n'est pas réglé pour autant. En Bretagne, la question linguistique reste incontournable.

Quelques expressions courantes

Nozvad : Bonsoir
Mar plij : S'il vous plaît
Trugarez ! Merci. On dit plus souvent :
Mersi. Ou : **Mersi braz**.
Yehed mad ! A la tienne ! A la vôtre !
Memestra : La même chose.
Penôz ? Comment ?
Pegement ? Combien ?
N'eo ket ker : Ce n'est pas cher.
N'eo ket tomm : Il fait froid.
Kaoh : Merde.
Dao de'i : Allons-y.
Dalh mad : Tiens bon, courage.
Ken warhoaz : A demain.

Bibliographie

On se contentera de signaler ici quelques ouvrages :

Histoire littéraire et culturelle de la Bretagne, sous la direction de Jean BALCOU et Yves LE GALLO. Réédition en un volume. Spézet : Coop Breizh, 1998.

BROUDIC (Fañch). *La Pratique du breton, de l'Ancien Régime à nos jours*. Presses Universitaires de Rennes, 1995, 490 p.

BROUDIC (Fañch). *L'Interdiction du breton en 1902. La IIIe République contre les langues régionales*. Spézet : Coop Breizh, 1997, 182 p.

DESHAYES (Albert). *Dictionnaire des noms de famille bretons*. Douarnenez : ArMen, 1996, 521 p.

FAVEREAU (Francis). *Littérature et écrivains bretonnants depuis 1945*. Morlaix : Skol Vreizh, 1991, 84 p.

LAURENT (Donatien). *Aux sources du Barzaz Breiz*. Douarnenez : Armen, 1989, 350 p.

TANGUY (Bernard). *Dictionnaire des noms de communes, trèves et paroisses des Côtes-d'Armor*. Douarnenez : ArMen, 1992, 404 p.

Les éditions Terre de Brume ont entrepris l'édition complète des contes recueillis par F.-M. Luzel, A. Le Braz, l'abbé Cadic.

Pour une découverte de la littérature bretonne, plusieurs auteurs sont traduits en français : Lan Inisan *(La Bataille de Kerguidu)*, Yann-Ber Kalloc'h *(A genoux)*, Youenn Drezenn *(Notre-Dame Bigoudène)*, Jakez Riou *(L'Herbe de la Vierge)*, Roparz Hemon *(Nenn Jani)* et bien sûr Pierre-Jakez Hélias *(Le Cheval d'orgueil*, et de nombreux autres titres). ***A-berz eur bed all*** - *D'un autre monde* : l'œuvre poétique complet d'Hélias est paru en version bilingue aux Editions Ouest-France, en 1991.

La meilleure bibliothèque bretonne (ouverte aussi aux non-universitaires) est celle du Centre de Recherche Bretonne et Celtique (CRBC), à la faculté des lettres Victor-Segalen, 20 avenue Duquesne, 29200 Brest. Tél. : 02 98 01 63 31.

Vous pouvez aussi consulter le site Internet de Fañch Broudic : http://perso.wanadoo.fr/fanch.broudic/

Index

Barzaz Breiz 47, 52
Chanson 23, 54
Dialectes 24, 49
Gaulois 10
Hélias (P.-J.) 34, 50, 59
Hemon (R.) 21, 48
KLT 21, 24
La Villemarqué (T. Hersart de) 21, 46, 52
Le Gonidec (J.F.M.) 20, 21, 25, 47
Limite 6,15
Maunoir (Père) 20, 25
Moyen-breton 25, 46
Néo-bretonnants 22, 62
Prédication 23, 28, 38, 41
Presse 23, 42
Radio 42, 58
Revues 24, 49, 58
Symbole 33, 35
Télévision 42, 59
Théâtre 46, 48, 49, 50, 60
Usage abusif du breton 28, 38
Vannetais 15, 21, 24, 48, 55
Variation 24, 59
Vieux-breton 14, 16, 25, 46

Table des matières

UNE LANGUE SI DIFFERENTE 4
LES ORIGINES CELTIQUES 8
NOMS DE LIEUX 12
NOMS DE PERSONNES 16
LA GRAMMAIRE 18
PARLER LE BRETON 22
QUI PARLE BRETON ? 26
LE BRETON ET L'ÉCOLE 32
LES RAISONS DU CHANGEMENT 38
LA LITTERATURE 46
CHANTS ET CHANSONS 52
CULTURE ET VIE QUOTIDIENNE 58
L'AVENIR 61

EN PREMIÈRE DE COUVERTURE
*François-Marie Luzel — **Fañch an Uhel** en breton — a été au XIXe siècle le plus grand collecteur de chants et de contes bretons. Autoportrait, vers 1862.* Document : Abbaye de Landévennec. - *Le phare d'Eckmühl, à Penmarc'h.* Ph. J. Guichard - *Traité de médecine du VIIIe siècle en vieux-breton et en latin, conservé à l'Université de Leyde. Il contient 70 noms de plantes et de maladies.* Ph. University Library, Leyde, ms. Voss. Lat. F. 96A, F. 2r.

EN QUATRIÈME DE COUVERTURE :
La classe, par Richard Hall, 1889. Ph. Musée des Beaux-Arts, Rennes. - *Manuscrit de Per-Jakez Helias, extrait du cahier « Liziri a Vreiz » (Lettres de Bretagne).* Collection : Centre de Recherche Bretonne et Celtique (UBO, Brest).

Cartographie : *Légendes Cartographie*

ISBN 2.7373.2495.5 - Dépôt légal : septembre 1999 - N° d'éditeur : 3883.01.06.09.99
Cet ouvrage a été imprimé par Pollina S.A. à Luçon (85) - N°77785